suhrkamp taschenbuch 3232

»Ich hatte mich einem, wenn auch schon ungefähr zehn Jahre älteren, so doch noch sehr jungen Mann angeschlossen, den ich zum ersten Mal in der Kapelle gesehen hatte, er war hinter dem Harmonium, das dort stand, gesessen und hatte etwas über Johann Sebastian Bach phantasiert ... Zuerst hatte ich mich nicht getraut, den Mann anzusprechen, aber dann hatte ich mir Mut gemacht und mich vorgestellt. So hatte eine bis heute andauernde Freundschaft begonnen, eine Zeugenfreundschaft wie keine zweite.«

Es dauerte lange, bis der Gefährte, von dem Thomas Bernhard in der *Kälte* spricht, sich entschließen konnte, seine Erinnerungen aufzuschreiben. Wohltuend zurückhaltend erzählt er von Bernhards Verzweiflung in der Lungenheilstätte Grafenhof, von der ersten Begegnung mit Hedwig Stavianicek, Bernhards späterem »Lebensmenschen«, in einer Dorfkirche, von Bernhards ersten dichterischen Versuchen und erfolglosen Anläufen zu einer Sängerkarriere, vom künstlerischen Durchbruch und der Befreiung, die damit einsetzte. Entstanden ist ein »sehr persönlicher Text, eine Erinnerungsprosa voller Klarheit« (*Die Presse*), »ein nobles, warmherziges Porträt des schwierigen, schmerzlich-widersprüchlichen Menschen Thomas Bernhard und dessen verschlungener Lebensumstände samt Lebenspersonal« (*Süddeutsche Zeitung*).

Rudolf Brändle, geboren 1922 in Salzburg, wo er auch aufwuchs. Er absolvierte die Fächer Klavier, Komposition und Dirigieren an der Musikhochschule Mozarteum und war von 1958 bis 1984 Mitglied der Wiener Volksoper.

# Rudolf Brändle
# Zeugenfreundschaft

*Erinnerungen an*
*Thomas Bernhard*

Suhrkamp

Umschlagfoto:
Johann Barth

suhrkamp taschenbuch 3232
Erste Auflage 2001

Satz: MZ-Verlagsdruckerei, Memmingen
Druck: Nomos Verlagsgesellschaft, Baden-Baden
Umschlag nach Entwürfen von
Willy Fleckhaus und Rolf Staudt

1 2 3 4 5 6 – 06 05 04 03 02 01

# Zeugenfreundschaft

An den kranken Freund!

Ich wollte dich schon früher sehn.
Ich dachte deiner vor dem Schlaf,
mein Auge war schon müde
und Gesang einer Nacht begann –
über den lächelnden Tod.

–

Alles an dir ist Umarmung,
Duft und Leben, Menschen,
die vor diese Armut treten.
O, wer kannte es nicht,
das Singen der Vögel auf Bäumen?

–

Aber ich leiste für dich! Nun
bist du zurück von der Reise
durch Nacht, Traum und Wahn.
Still wachst du weiter,
daß keiner dein Antlitz berührt.

–

Fieber ergriff dich vorher
und du hast es vergessen,
weil du ein Mensch bist, Gemüt,
und Gemüt ist vergänglich
wie Träume, Krankheit und Tod ...

Thomas Bernhard
November 1951

Dieses Gedicht schrieb der zwanzigjährige Thomas Bernhard am Krankenbett seines Freundes Rudolf Brändle.

An den kranken Freund!

Ich wollte dich schon früher sehn.
Ich dachte deiner vor dem Schlaf,
mein Auge war schon müde
und Gesang in der Nacht begann –
über den lächelnden Tod.

–

Alles an dir ist Erinnerung,
Luft und Leben, Menschen,
die vor diese Armut treten.
O, wer kennte es nicht,
das Singen der Vögel auf Bäumen?

Aber ich bitte für dich! Nun
bist du zurück von der Reise
durch Nacht, Träume und Wahn.
Still wartest du weiter,
daß keiner dein Antlitz berührt.

–

Fieber ergriff dich vorher
und du hast es vergessen,
weil du ein Mensch bist, Gemüt,
und Gemüt ist vergänglich
wie Träume, Krankheit und Tod ...

Thomas Bernhard.

November 1957

# I
# »DIE KÄLTE«
# UND DIE FOLGEN

Das Schülerheim Johanneum, dahinter die Wohnung der Familie Brändle. Im Johanneum verbrachte Thomas Bernhard mehrere Jahre seiner Kindheit.

Mit dem Tod Thomas Bernhards hat die literarisch interessierte Welt einen großen Schriftsteller verloren, und Österreich ist seine umstrittenste Kultfigur, sein unerbittlicher Mahner und Bloßsteller, an dem sich die Geister schieden, abhanden gekommen. Ich aber habe den Verlust eines Menschen betrauert, mit dem ich durch vier Jahrzehnte über alle auseinander- und wieder zusammenführenden Weggabelungen hinweg in einer ganz besonderen Freundschaft verbunden gewesen bin.

Die Umstände, unter denen wir uns kennenlernten, waren die außergewöhnlichsten: Es fügte sich, daß wir in den Jahren 1949/50 für mehrere Monate Patienten derselben Lungenheilstätte, Grafenhof im Salzburgischen St. Veit im Pongau, geworden waren. Wir beide, der achtzehnjährige Kaufmannslehrling und der um neun Jahre ältere Musikabsolvent, fanden uns mit einer Krankheit konfrontiert, die damals selbst im Anfangsstadium, wie es bei uns der Fall war, wegen ihrer ungewissen Heilungschancen mehr als Schicksalsschlag denn als Krankheit empfunden wurde. Unvermutet aus der Lebensbahn geworfen, sahen wir uns am Tiefpunkt unserer bisherigen Existenz angelangt. Eine solche gemeinsam erlebte und erlittene traumatische Situation vermag sehr wohl Menschen fürs Leben zu verbinden, vor allem, wenn zu deren Überwindung der eine des anderen Vorbild und Mentor wird und »die abgerissenen Schnüre, die meine Existenz mit einer erfreulicheren Welt verbunden gehabt hatten, wieder zusammenknotete«. Mit diesen Worten wird dreißig Jahre später der inzwischen zur Berühmtheit aufgestiegene Thomas Bernhard in seinem Buch »Die Kälte« das Resümee dieser Begegnung und der sich daraus entwickelnden Freundschaft ziehen, einer »Zeugenfreundschaft wie keine zweite«.

Daß am Anfang unserer Beziehung mir als dem Älteren die Rolle eines Präzeptors zufiel und meinem Freund, dessen Psyche damals besonders verwundet war, jene des Empfangenden, hatte sich wie von selbst ergeben. Beide waren wir, jeder auf seine Art, entschlossen, das Beste aus der Situation zu machen. Die Gespräche über uns wesentliche Themen wie Musik Theater, Kunst wurden uns inneres Bedürfnis und Erlebnisersatz schlechthin. Thomas Bernhard hat dies fast verklärend beschrieben und mir dabei die Rolle eines »Lebensretters« zugeteilt, deren ich mir seinerzeit sicher nicht bewußt war. Wie verzweifelt seine Lage in Wirklichkeit war, erkannte ich damals noch nicht, doch haben verschiedene Bemerkungen, mögen sie auch aus Scham heruntergespielt gewesen sein, das eine oder andere Mißgeschick im Leben meines Freundes vermuten lassen. Sicherlich war es nicht Mangel an Mitgefühl, wenn ich nicht weiter nachgefragt habe, neigt doch der Mensch dazu, sein eigenes Unglück für das größere zu halten.

Wie sehr »Unordnung und frühes Leid« das Leben Thomas Bernhards von frühester Kindheit an begleitet haben, ist uns allen, die wir ihm nahestanden, in vollem Umfang erst klargeworden, nachdem wir seine autobiographischen Bücher gelesen hatten. Wohl gab es schon in den vorausgegangenen Werken immer wieder autobiographisch zu deutende Hinweise und Bezüge, doch hier wird zum ersten Mal expressis verbis und mit schonungsloser Selbstentäußerung die Geschichte einer singulären Kindheits- und Jugendpassion erzählt, deren einzelne Stationen ihre Entsprechung in Buchtiteln von lapidarer Kürze finden, denen nicht weniger prägnante Untertitel beigegeben sind: »Die Ursache. Eine Andeutung«, »Der Keller. Eine Entziehung«, »Der Atem. Eine Entscheidung«, »Die Kälte. Eine Isolation«, zuletzt ist dann noch der Band »Ein Kind« erschienen.

Diese fünf Bände, die nach Bernhards Wunsch einmal

unter dem Titel »Neunzehn Jahre« zusammengefaßt werden sollten, wollte er aber auch als Dichtung verstanden haben. Dies gab ihm freie Hand bei der Gestaltung des Stoffes, brachte aber, mit Goethe gesprochen, die Frage aufs Tapet: Was ist Dichtung, was ist Wahrheit? Schon in seinem Roman »Frost« bezeichnet Bernhard die Wahrheit als das Unerforschliche, und in der Autobiographie wird dieses Thema ebenfalls immer wieder angeschnitten, ja förmlich umkreist: »Was hier beschrieben ist, ist die Wahrheit und ist doch nicht Wahrheit, weil es nicht die Wahrheit sein kann.« Oder: »Die Sprache ist unbrauchbar, wenn es darum geht, die Wahrheit zu sagen.« Und an anderer Stelle resümiert er das Problem mit dem bemerkenswerten Satz, daß es letzten Endes doch nur auf den Wahrheitsgehalt der Lüge ankomme. Bernhard wußte, wovon er sprach, denn Tabus und Legendenbildung innerhalb der eigenen Familie, die er gerne aufgegriffen und weitergesponnen hat, waren ihm bei der Wahrheitsfindung seiner eigenen Geschichte nicht immer förderlich. Auch darf eines nicht außer acht gelassen werden: Zwischen dem Erlebten und dessen Niederschrift liegen jene Jahrzehnte, in denen aus dem jungen Mann, der seinen Verletzungen hilflos ausgeliefert war, ein wortgewandter Autor geworden ist, der über alle Ausdrucksmittel verfügt, das Erlittene zu artikulieren. Der Schreibende hat dabei durchaus den Willen zur Wahrheit, er notiert, »was im Kopf des Jünglings vorgegangen ist, der ich damals gewesen bin, nichts weiter. Später mag alles in einem anderen Licht erschienen sein, damals nicht. Damals hatte ich diese Gefühle, nicht die heutigen, damals hatte ich diese Gedanken, nicht die heutigen, damals hatte ich diese Existenz, nicht die heutige.«

Viele der zum Teil von Bernhard selbst in Umlauf gebrachten Unstimmigkeiten, an denen sich seine Exegeten auf der Suche nach der »Wahrheit« gestoßen haben, mögen darin ihre Wurzel haben. Eine Reihe von Literaturexperten, allen voran der französische Germanist Louis Huguet, ist inzwischen den unrichtigen oder fehlenden Fakten nachgegangen und hat sie richtiggestellt beziehungsweise ergänzt. Eine Unzahl von Leuten, die mit Bernhard zu irgendeiner Zeit und in irgendeiner Weise zu tun hatten, ist im Zuge dieser Recherchen befragt worden.

Als Bernhards Leidensgenosse und Intimus der gemeinsamen Grafenhofer Tage bin auch ich oft gefragt worden, inwieweit die in der »Kälte« geschilderten Zustände der Wahrheit entsprochen hätten, ob die Anstalt tatsächlich die abschreckendste, die Patientenschaft die scheußlichste und die medizinische Betreuung die schäbigste gewesen sei. Nun, das Buch wäre kein echter Bernhard, wenn alle diese Übersteigerungen fehlen würden; sie sind längst zum Markenzeichen eines Autors geworden, der sich selbst nicht ohne Stolz als den größten Übertreibungskünstler bezeichnete, haben aber seinem Bericht nichts an Glaubwürdigkeit genommen.

Ich verbrachte an die sieben Monate gemeinsam mit Thomas Bernhard in St. Veit und habe, so wie er, all die »entsetzlichen Zustände einer öffentlichen Lungenheilstätte« kennengelernt und, so wie er, darunter gelitten. Objektiv gesehen waren die äußeren Umstände unseres Zwangsaufenthaltes mehr oder weniger die gleichen. Subjektiv waren sie, abgesehen von den persönlichen Schlägen, die das Leben meines Freundes zusätzlich verfinsterten, naturgemäß die unterschiedlichsten, und jeder von uns hatte auf seine Art damit fertig zu werden. Fertig zu werden auch mit der Erinnerung daran, die uns noch lange wie ein Alptraum auf der Seele liegen sollte. Was mich betrifft, so habe ich zu einem gewissen Zeitpunkt unter das prekäre Kapitel »Grafenhof« einen Strich gezogen, habe es verdrängt, wie man sagt, aber irgendwo im Hinterkopf existierte es weiter als permanente Drohung und wird wohl bis an mein Lebensende dort bleiben.

Auch Thomas hatte sein Grafenhof-Trauma weder vergessen noch verschmerzt. Als Dichter hat er die Geschichte im Fundus seines Theatrum vitae abgelegt, um sie, als er die Zeit für gekommen hielt, von dort abzurufen und zu Papier zu bringen. Das schriftstellerische Ergebnis dieses Sich-Erinnerns ist nicht nur eine berührende Leidensgeschichte, sondern darüber hinaus die einzigartige Dokumentation einer öffentlichen Lungenheilstätte in den fünfziger Jahren, einer in unseren Breiten inzwischen bereits historisch gewordenen Institution. Für Leser, die mit dem Thema Tuberkulose und Heilanstalt nie konfrontiert waren, mag die »Kälte« ein etwas exotisches, aber zutiefst erschreckendes Buch sein, eine Art »Anti-Zauberberg«, wie ich es nennen möchte.

»Die Kälte« ist aber mehr als ein sogenannter Heilstättenroman, denn es ist ja nicht nur von der Krankheit und ihren Widrigkeiten die Rede, all die anderen leidvollen Aspekte im Leben Thomas Bernhards werden ebenso berührt: das prägende und doch abschreckende Vorbild des Großvaters, die schmerzvoll belastete Beziehung zur Mutter und immer wieder das Stigma des so gut wie unbekannten Vaters; Themen, die sich wie ein roter Faden auch durch die übrigen autobiographischen Bücher ziehen. Obwohl der Leser von keinem noch so bedrückenden Detail verschont bleibt, wird er vergeblich nach einer Datierung, und sei es nur eine Jahreszahl, suchen. Es ist, als verweigerte der Dichter mit Absicht jede zeitliche Festlegung. So läßt er uns beispielsweise über die Dauer seines St. Veiter Aufenthaltes im unklaren: »Wie lange war ich überhaupt in Grafenhof? Ich weiß es nicht mehr, ich will es nicht mehr wissen.« Dadurch rückt er seine Erinnerungen in eine Sphäre der Zeitlosigkeit. Vielleicht machte Bernhard da aus der Not eine Tugend, denn im Unterschied zu vielen großen Schriftstellern soll er kein Tagebuch geführt haben. Er habe es einmal versucht, aber sofort wieder aufgegeben. Hingegen hat er schon sehr früh begonnen, auf kleinen Zetteln ihm wichtig Erscheinendes festzuhalten, um es vor »der Finsternis des Vergessens« zu retten. Dies und Bernhards blendendes Gedächtnis verleihen den Erzählungen eine Anschaulichkeit, so als hätte alles erst gestern stattgefunden. Wie tief müssen also die Erniedrigungen, Demütigungen und Seelenverletzungen gewesen sein, wenn die Zeit es nicht vermochte, diese Wunden zu heilen.

Die Aufarbeitung seiner Vergangenheit wurde für Bernhard zugleich zur Suche nach seiner Identität, zu einem schmerzlichen Prozeß der Selbstfindung. »Woher habe ich *diese* Eigenschaft? woher *jene*?« fragte er sich, »meine Abgründe, meine Melancholie, meine Verzweiflung, meine Musikalität, meine Perversität, meine Roheit, meine sentimentalen Brüche? Woher habe ich einerseits die absolute Sicherheit, andererseits die entsetzliche Hilflosigkeit, die eindeutige Charakterschwäche?« Immer wieder versuchte er, seinem Wesen auf den Grund zu kommen. »Ich bin begierig, mich erkennen zu lassen, in welchem Maße ist mir gleichgültig, wenn es nur wirklich geschieht.« Der Band, in dem dieser Satz steht, hat den bezeichnenden Titel »Die Ursache«, sein Schauplatz ist über weite Strecken Salzburg, die Stadt, in der ich geboren bin und die Bernhard, obwohl er nicht dort geboren ist, ausdrücklich als seine Heimatstadt bezeichnet.

Als wir uns 1949 in Grafenhof kennenlernten, war es nicht nur die Musik, die uns einander näherbrachte, uns verbanden auch, wie wir bald herausfanden, zahlreiche auf Salzburg bezogene Gemeinsamkeiten, und ich erinnere mich gut, daß wir uns einig waren, daß die Stadt Mozarts und der Musik schlechthin der allerschönste und einzig mögliche Platz auf dieser Welt sei. Diese Liebe zu der noch auf Schritt und Tritt von Kriegszerstörung gezeichneten Stadt fand auch in einigen seiner damals entstandenen Gedichte ihren Niederschlag, die Titel wie »Mirabell«, »Zwerglgarten«, »Mitternacht in der Altstadt« oder »Die Salzburger Glocke« tragen. Sie zeugen in ihrer idyllischen Sicht von einer ungebrochenen Positivität und stehen in krassem Gegensatz zu jenem anderen Salzburg-Bild, das Bernhard Jahrzehnte später in seiner »Ursache« zeichnet: Salzburg, »das verlogene Schönheitsmuseum, der Todesboden, dessen Architektur nichts als perfide Fassade ist«. Im Rückblick erkennt er, daß er dort eigentlich die entsetzlichste Zeit seines Lebens verbracht hat, seine »Selbstmordgedankenzeit«, und die Erinnerung daran ist die schmerzhafteste. Salzburg ist die Stadt seiner ihm aufgezwungenen Lehr- und Studienjahre, ergo seines Scheiterns. Täglich führt ihn sein Verzweiflungsweg in die Hölle des Gymnasiums am Grünmarkt und wieder zurück in die andere Hölle, in das Internat im Andrä-Viertel.

Dieses ursprünglich katholische, nach dem Anschluß nationalsozialistische und nach 1945 wiederum katholische Schülerheim, »Johanneum« genannt, befand sich unweit der Andräkirche in der Schrannengasse Nr. 4. Nur durch die enge Fabergasse getrennt, hatte auf Nr. 6, im sogenannten Palais Pachta, einem vierstöckigen grauen Kasten, der einst feudalere Zeiten gesehen hatte, meine Familie seit 1928 ihr Domizil. Ohne daß wir voneinander wußten, haben sich hier unsere Lebenskreise zum ersten Mal berührt. Die meisten der in dem Buch vorkommenden Personen und Örtlichkeiten waren mir bekannt, einige haben auch in meinem Leben eine Rolle gespielt. Bei der Lektüre der »Ursache« fühlte ich mich immer wieder indirekt in die Geschehnisse einbezogen. Das Buch ist eigentlich die inoffizielle Vorgeschichte unserer Freundschaft.

Von unserer Wohnung im ersten Stock hatten wir einen

guten Einblick in den Hof des Johanneums mit den offenen Pawlatschengängen, der den Zöglingen zum zuweilen recht lärmenden Auslauf diente, sowie in den großen Schlafsaal mit den engen Reihen von Feldbetten. Wenn wir, meine Schwester und ich, von unserem Kinderzimmer hinüberblickten, um das befremdliche Anstaltsritual mit Morgenappell und Abendgebet zu beobachten, taten uns allenfalls die Buben leid, wie sie von ihren Aufsehern angebrüllt wurden, und wer weiß, ob nicht umgekehrt ein blonder Bub gelegentlich verstohlen zu uns herüberschaute und dabei vor Sehnsucht nach solch unbekannter familiärer Geborgenheit verging.

Im Jahr 1943, also mitten im Krieg, als Thomas Bernhard zum ersten Mal im Johanneum untergebracht war, um die Andrä-Hauptschule gleich um die Ecke zu besuchen – ich ging seinerzeit dort in die Volksschule –, studierte ich bereits das dritte Jahr an der »Reichshochschule für Musik«, wie das Mozarteum nun hieß, die Fächer Komposition, Klavier und Dirigieren. Mein täglicher Weg führte unweigerlich am Johanneum vorbei, und ich erinnere mich, daß ich aus einem Parterrefenster oft jemanden in etwas unorthodoxer Weise auf der Violine üben hörte. Im nachhinein glaube ich, daß dies fast nur Thomas gewesen sein kann.

Die Musik, die er damals im Johanneum auf seiner Violine hervorgebracht hat, sei in seinen Ohren die virtuoseste und aufregendste, wenn auch eine völlig selbsterfundene gewesen, berichtet er. Sein Geigenlehrer war der prominenteste, den Salzburg aufzuweisen hatte: Georg Steiner, Primus des renommierten Mozarteum-Streichquartetts und Leiter einer Meisterklasse für Violine an der Musikhochschule. Daß er sich herbeiließ, einen blutigen Anfänger, dazu noch privat, zu unterrichten, war wohl nur der insistenten Fürsprache von Bernhards Großvater zu verdanken. Johannes Freumbichler, selbst in vielen seiner Ansprüche gescheitert, wollte, daß aus seinem Enkel, wenn schon kein Geistesmensch, so doch ein Künstler werden sollte. Steiner attestierte Thomas zwar hochmusikalisches Gehör, Empfinden und Talent, doch dessen krankhafter Widerwille gegen das Lernen im allgemeinen machte jeden Fortschritt illusorisch. Das Bewußtsein, es nie zu etwas zu bringen, machte das Geigenspiel zum Alibi. Zum Üben ist ihm nämlich die Schuhkammer, der fürchterlichste Ort im Internat, zugeteilt worden. Dort, unter Hunderten von »schweißausschwitzenden Zöglingsschuhen«, war er allein mit sich selbst und seinem Selbstmorddenken. Schon am zweiten Tag habe er einen Versuch gemacht, sich an den Hosenträgern aufzuhängen. Mehrere im Internat hätten den Mut zum Selbstmord sehr wohl aufgebracht, allein im letzten Kriegsjahr hätten sich vier Zöglinge aus den Fenstern des Johanneums gestürzt, berichtet Bernhard. Doch nicht einmal wir als unmittelbare Nachbarn haben von diesen Vorfällen, die doch einiges Aufsehen erregt haben müßten, etwas mitbekommen.

Als im Herbst 1944 der Bombenkrieg auch über Salzburg hereinbrach, saßen Thomas und ich zwar stundenlang im selben Luftschutzkeller, dem sogenannten Glockengassenstollen im Kapuzinerberg, doch von den Schreckensszenen, die sich laut Bernhard dort abgespielt haben sollen, ist mir nichts erinnerlich. Nichts von den Tausenden von Ohnmächtigen, nichts von den vielen auf langen Holztischen abgelegten, völlig nackten Frauenkörpern, die dann von Sanitätern, aber sehr oft auch von Schülern, so auch von Bernhard, massiert worden seien. Wahr ist, daß jener Luftschutzstollen wegen der Massen, die dort Zuflucht gesucht haben, gefürchtet war. Bei jedem Alarm war er überfüllt von verschreckten, stumpf vor sich hin dösenden Menschen. Ich aber versuchte, die Stunden des Wartens so gut es ging zu nutzen, und studierte, soweit es die Notbeleuchtung zuließ, in meinen

Partituren und Sprachlehrbüchern, die ich in meinem Notkoffer ständig bei mir trug.

Bernhards Berichte über die Bombardierungen zeugen von der gesteigerten Sensationsbereitschaft des Vierzehnjährigen. Sobald Entwarnung gegeben wurde, habe ihn »seine pubertäre Neugierde« in jene Viertel geführt, in denen die Zerstörung am größten war. So gelangte er gerade zum richtigen Zeitpunkt zum Residenzplatz, wo er an der Slama-Ecke minutenlang wortlos vor dem ungeheuerlichen, faszinierenden Bild des »fürchterlich aufgerissenen, noch in Zerstörungsbewegung befindlichen Domes« verharrte. Ein oder zwei Tage später stand auch ich, vom Mozarteum zum Schuttaufräumen abkommandiert, fassungslos an derselben Ecke. Nun, wo die Stadt halb in Trümmern lag, vermochte Bernhard sich mit ihr zu versöhnen, auf einmal sei sie für ihn erträglich und schön gewesen.

Ausgerechnet den schwersten aller Luftangriffe am 17. November 1944 erlebte Bernhard im Keller des Johanneums. Rundum schlugen die Bomben ein, und es erschien ihm als Wunder, wieder lebend an die Oberfläche gekommen zu sein. Bei diesem Angriff wurde unter anderem die »Schranne«, ein jahrhundertealtes, aus Steinquadern wie für die Ewigkeit gefügtes Gebäude, vollständig zerstört. Auch das Johanneum wurde in Mitleidenschaft gezogen und Bernhards Spind mitsamt der darin befindlichen Geige zerstört, was das Ende seiner Geigerlaufbahn bedeutete. Unser Haus ist damals wie durch ein Wunder mit ein paar kaputten Fensterscheiben davongekommen. Nur davor, mitten auf der Straße, war ein sogenannter Blindgänger niedergegangen. Vorsichtshalber wurden alle umliegenden Häuser evakuiert. Wir fanden bei Freunden Unterschlupf, und Thomas wurde noch am selben Tag von seiner Großmutter nach Traunstein gebracht.

Rückblickend sehe ich, daß Thomas Bernhard und mich noch verschiedene andere Salzburger Örtlichkeiten verbinden. Da wäre zum Beispiel die Reichenhallerstraße zu nennen. Durch sie führte mein erster Schulweg, als wir noch in der Riedenburg wohnten. Die Reichenhallerstraße war für Thomas ebenfalls, wenn auch Jahre später, der Schulweg vom Alglhof ins Gymnasium, bis zu dem Tag, an dem er beschloß, »in die andere Richtung« zu gehen, weg von der zu nichts führenden »Geistesvernichtungsanstalt« in die Scherzhauserfeldsiedlung, Salzburgs übelbeleumdetes Armenviertel, wo er als Lehrling im Kellerladen des Herrn Podlaha das wirkliche Leben zu finden glaubte. Auch mich führte einmal eine flüchtige Bekanntschaft vorübergehend in diese »unmögliche« Gegend. Aber letztlich wäre in diese Reihe der topographischen Affinitäten ja die ganze Stadt einzubeziehen. Eine Begebenheit sei noch angeführt: Als Bernhard Mitte der fünfziger Jahre am Mozarteum studierte, wohnte er eine Zeitlang in Parsch, am (Johannes-) Freumbichlerweg Nr. 26. Jahrzehnte später wurde meiner Schwester in derselben Straße von einer Freundin ein idyllisch gelegenes Sommerhaus zur Benutzung überlassen. Eines Tages, es war in Bernhards Todesjahr, sprach sie dort ein Japaner an, ein Germanist, wie sich herausstellte, der mit einem Stadtplan in der Hand alle Orte aufsuchte, die einen Bezug zu Thomas Bernhard hatten.

Nachdem wir, Thomas und ich, durch Jahre hindurch dieselben Wege, aber altersbedingt doch aneinander vorbeigegangen waren, fragte ich mich, ob es auch ohne Grafenhof früher oder später zu einer Begegnung gekommen wäre. Es hätte wohl 1958, nach meiner Übersiedlung nach Wien, geschehen können, als ich hier meine Salzburger Studienkollegin Grete Feige, nun mit dem Architekten Viktor Hufnagl verheiratet, wiedertraf. Wie sich herausstellte, waren beide ebenfalls seit Mozarteumszeiten mit Thomas Bernhard befreundet. Hier hätte sich vermutlich der Freundeskreis geschlossen, doch eine Konstellation, wie sie rund zehn Jahre zuvor zu jener Zeugenfreundschaft geführt hatte, wäre nicht mehr gegeben gewesen.

Nach der »Ursache«, dem »Keller« und dem »Atem« war zu erwarten, daß früher oder später eine Fortsetzung folgen und diese wohl die Zeit in Grafenhof beschreiben würde. Doch als die »Kälte« dann 1981 tatsächlich erschien, war es meine Mutter, die das Buch zuerst in die Hände bekam und mich darauf aufmerksam machte. Sie kannte Bernhard seit Anfang der fünfziger Jahre, weil ich ihn gelegentlich in die Schrannengasse mitbrachte. Meine Mutter, eine eifrige Leserin von Anzengruber bis Zuckmayer, verfolgte mit großem Interesse den Aufstieg des »Blümerlpoeten«, wie Thomas mit Anspielung auf die seinerzeit von mir vertonten Blumengedichte in der Familie liebevoll genannt wurde. Sie war es auch, die alle Kritiken und Skandalberichte, die sie fand, ausschnitt, sammelte und mir nach Wien schickte. So bekam ich eines Tages die »Kälte« samt den ersten Besprechungen mit der Bemerkung: Du kommst auch drin vor. Meine Reaktion darauf war im ersten Moment eher zwiespältig: So gut habe ich Thomas ja gekannt, seine Eigenwilligkeiten, seine Unberechenbarkeit, und mir war klar, daß man bei ihm auf alles gefaßt sein mußte.

Ich machte mich gespannt an die Lektüre und legte das Buch erst aus der Hand, als ich die letzte Seite beendet hatte. Was mich nicht mehr losgelassen hat, war nicht nur Bernhards Stil, der dem Leser keine Pause gönnen will, es war vor allem die Geschichte, die zu einem großen Teil auch meine Geschichte war und doch wiederum nicht ganz meine Geschichte: Alles war noch deprimierender, noch katastrophaler und hoffnungsloser dargestellt, als ich es in Erinnerung hatte, vieles war überhaupt erfunden, was freilich nur jemand merken konnte, der so wie ich dabeigewesen war.

Naturgemäß richtete sich mein besonderes Interesse auf jene Passagen, in denen ich vorkomme, und das sind summa summarum immerhin an die zehn Buchseiten. Die unerwartete Lobeshymne auf den Freund und Mitpatienten, der ihm Lehrer und Vorbild gewesen sei, machte mich betroffen, denn so hatte ich das nicht gesehen. Doch bald trat etwas ganz anderes in den Vordergrund: die Angst vor der möglichen Identifizierung. Mein Name wurde zwar nicht genannt, doch die Kombination von Liechtensteiner und Mozarteumsabsolvent traf so exakt auf mich zu, daß die erste Recherche unweigerlich zu mir geführt hätte. Man wird gleich verstehen, daß ich die allergrößten Bedenken hatte.

Durch das Engagement an der Wiener Volksoper und die damit verbundene Übersiedlung konnte ich unter das Kapitel Grafenhof auch im räumlichen Sinn einen Schlußstrich ziehen. In Wien wußte niemand, was ich hinter mir hatte, außer Thomas, Hedwig Stavianicek und die Hufnagls, die Thomas eingeweiht hatte, da er ja erklären mußte, woher wir uns kannten. Thomas hat sich dafür später ausdrücklich entschuldigt, nur zu gut kannte er die Reaktion mancher Leute, wenn sie hörten, daß man einmal, und sei es noch so lange her, »etwas auf der Lunge gehabt hatte«. Die Angst, nach einem Vierteljahrhundert plötzlich von der alten Geschichte eingeholt und als ehemaliger Tbc-Patient entdeckt zu werden, wuchs sich mit der Zeit zu einer wahren Obsession aus. Ich begann vorsichtig bei meinen Bekannten, soweit sie Bernhard-Leser waren, zu sondieren, ob sie die »Kälte« schon gelesen hätten. Verneinten sie, atmete ich auf, aber auch von denen, die das Buch kannten, kam keinerlei Reaktion. So genau lesen sie also, dachte ich. Die fatalen Folgen, wäre die Sache bekannt geworden, wollte ich mir lieber erst gar nicht ausmalen. Ich brauchte nur an meine Kammersänger zu denken, die beim geringsten Luftzug, der sie anwehte, gleich in Hysterie verfielen. Hausverbot und vorzeitige Pensionierung standen wie ein Menetekel über dem Abgrund, der sich vor mir auftat.

Dann passierte etwas, was mich an den Rand der Verzweiflung brachte: Ein Anschlag am Schwarzen Brett kündigte eine Röntgenuntersuchung des gesamten Personals an. In meiner Panik war ich überzeugt, daß dies für mich der Anfang vom Ende sein würde. Ich wußte nicht, was ich tun sollte. Meine Frau riet mir, meinen Arzt in Salzburg aufzusuchen. Dr. Wihan, zu dem ich alle paar Jahre zur Kontrolle fuhr (auch Thomas war sein Patient), untersuchte mich aufs genaueste, fand aber außer einigen alten Narben nichts. Er gab mir das sogar schriftlich, damit mir die Reihenuntersuchung in Wien erspart bliebe. Doch die war inzwischen abgeblasen worden. Der Grund war ebenso grotesk wie bezeichnend: Die Orchestermusiker wollten die Untersuchung als Dienst bezahlt bekommen, was ihnen die Direktion aber nicht zugestehen wollte. So endete das Ganze als Farce.

Die Geschichte war natürlich lächerlich, sie zeigt aber, wie nachhaltig diese Krankheit im Bewußtsein des Betroffenen weiterwirkt. Thomas gegenüber habe ich nie davon gesprochen, zu unsicher war ich, wie er es aufgenommen hätte. Er war ja ein sehr empfindsamer Mensch, im Umgang mit ihm mußten gewisse Regeln eingehalten werden, wenn man die Beziehung nicht aufs Spiel setzen wollte. So war es gut, sich selbst nicht allzu wichtig zu nehmen, er hatte es auch nicht gern, wenn man ihm, in welcher Weise auch immer, zu nahe trat. Äußerungen, die er als Kritik hätte auffassen können, wie auch das Gegenteil, Lobhudeleien, waren besser zu unterlassen; so vorsichtig konnte man gar nicht sein, daß er, musikalisch wie er war, nicht sofort irgendeinen falschen Ton herausgehört hätte. Über alles konnte man mit Bernhard reden, nur sein Werk war tabu, und auch die engsten Freunde hielten sich daran.

In diesem besonderen Fall hätte ich das Tabu natürlich gerne gebrochen, denn an dem, was Bernhard in einer Art Kürzestportrait über mich geschrieben hat, wäre einiges zu berichtigen. Einmal habe ich versucht, das Thema vorsichtig anzuschneiden, doch Thomas war sofort »eingeschnappt« und ließ sich daraufhin wochenlang nicht mehr blicken. Von Grete Hufnagl erfuhr ich, daß er gesagt habe: »Nun hab' ich den Rudi auch verloren.« Er hielt es wohl mit Schiller, der seinen historisch nicht sehr verläßlichen Don Carlos mit den Worten rechtfertigte: »Die Gegenstände müssen es sich gefallen lassen, was sie unter meinen Händen werden.« Was aus meiner Geschichte unter Bernhards Händen geworden ist, sei nun näher untersucht. Es ist dies nicht uninteressant, weil es zugleich einen Einblick in die Dichterwerkstätte gewährt.

Oft ist der erste Eindruck eines Menschen prägend für das Bild, das wir fortan von ihm haben. Bernhard hatte mich zuallererst in der Grafenhofer Anstaltskapelle am Harmonium »über Johann Sebastian Bach phantasieren« gehört. »Noch hatte ich ja damals nicht viele Künstler kennengelernt«, meint er dazu, »wenigstens nicht persönlich.« Ich selbst hätte mir freilich nie einfallen lassen, mich irgend jemandem gegenüber als »Künstler« zu bezeichnen, auch heute noch antworte ich auf die Frage nach meinem Beruf lieber mit Regers Bonmot vom »Akkordarbeiter«, denn das Wort »Musiker« ist zu vieldeutig, obgleich es keine größere Auszeichnung für einen Sänger, Dirigenten oder Virtuosen gibt, als wenn von ihm gesagt werden kann, er sei ein guter Musiker. Wenn Bernhard weiter feststellt: »Mein Freund war ein ungewöhnlich begabter Musiker«, dann hat er es wohl in diesem höheren Sinn gemeint, und es ist das schönste Kompliment, das mir je gemacht worden ist.

An anderer Stelle schreibt Bernhard, daß es ihm ein Vergnügen gewesen sei, sich mit jemandem zu unterhalten, der schon viel gereist war und von dem er viel lernen konnte. Nun, ich war im Krieg im Rahmen der sogenannten Wehrmachtsbetreuung als Mitglied eines vom Mozarteum zusammengestellten Ensembles von Rußland bis an den Atlantik gekommen und hatte manches erlebt. »Er berichtete, ich hörte zu«, so Bernhard. Wovon ich aber noch aufs ausführlichste berichtete, war mein Aufenthalt in der Schweiz, der sich vom April 1945 bis ins Jahr 1948 hinzog und vermutlich die Ursache war, daß ich in Grafenhof gelandet bin. Diese Erzählungen mögen auch dazu gedient haben, mir selbst über Sinn und Unsinn dieses Schweizer Intermezzos klarzuwerden, doch Bernhard hatte sich längst seinen eigenen Reim darauf gemacht. Aus der Verbindung von »Künstler« und »Engagement im Ausland« zieht er den einzigen für ihn plausiblen Schluß: »weil in Österreich für ihn kein Platz gewesen war«. So urteilt nicht der Jüngling, »der er einmal war«, sondern der obsessiv an Österreich leidende Autor der »Kälte« dreißig Jahre später. »Hier war es schon wieder, das Beispiel, von welchem ich immer gesprochen habe, immer sprechen werde: der in der Heimat mißachtete, ja verachtete Künstler, der das Weite zu suchen hat. In Österreich werden die hervorragendsten Künstler produziert, um ausgestoßen zu werden in alle Welt . . . Doch das ist eine alte Geschichte, die ich nicht müde werde immer dann wenigstens anzudeuten, wenn die Gelegenheit dazu da ist.«

Diese und ähnliche Vorwürfe und Beschuldigungen an die wenig konkrete Adresse »Österreich« gehören zu den typischen Versatzstücken, die Bernhard bei jeder sich bietenden Gelegenheit auffahren läßt, sie haben aber mit mir als dem damaligen Musikstudenten, also bestenfalls angehenden Künstler, so gut wie nichts zu tun. Was Bernhard von meiner Geschichte sonst noch im Gedächtnis geblieben ist, faßt er schließlich in einem einzigen bemerkenswerten Satz zusammen: »Mittellos, verdingte er sich in den Sommermonaten, weit weg von den Musikzentren Zürich und Luzern, als Barmusiker in Arosa, das hatte ihn krank gemacht.« Der Satz klingt zwar einleuchtend, sehr plausibel ergibt sich das eine aus dem anderen, nur entspricht er in seinen etwas kühnen Verkürzungen keineswegs der Situation, wie ich sie damals erlebt und empfunden habe. Schon das erste Wort, »mittellos«, stimmt einfach so hingesagt nicht. Als wir, meine Schwester und ich, das in seinen letzten Zügen liegende »Tausendjährige Reich« verließen, waren wir nicht mittellos, sondern man verbot uns, auch nur eine einzige Reichsmark mitzunehmen. Ich kann nicht umhin, die Geschichte so kurz wie möglich zu erzählen.

Obwohl wir in Österreich geboren wurden, sind wir Staatsbürger des Fürstentums Liechtenstein, woher unsere Vorfahren väterlicherseits stammen. Dessenungeachtet hatten die NS-Behörden mehrmals versucht, mich für die deutsche Wehrmacht zu rekrutieren. Dies und das sich abzeichnende Kriegsende mit allen noch möglichen unvorhersehbaren Eskalationen hatte Anfang April 1945 die Eltern bewogen, mich und meine jüngere Schwester in den letzten nach Westen abgehenden Zug zu verfrachten. In Liechtenstein, unserem »Vaterland«, in das wir zuvor noch nie einen Fuß gesetzt hatten und wo wir auch keinerlei Verwandte mehr besaßen, sollten wir wenigstens in Sicherheit sein. Wir sind also aus freien Stücken weggegangen und nicht, wie Bernhard es motiviert hat, weil in Österreich, das es zu diesem Zeitpunkt ja gar nicht gab, kein Platz für uns gewesen wäre.

Es war eine Fahrt ins Ungewisse. Zwar fanden wir fürs erste beim Bürgermeister unserer Heimatgemeinde Mauren, an dessen Tür wir in der Ratlosigkeit der ersten

Stunde angeklopft hatten, freundliche Aufnahme, doch wurde uns bald klar, daß Liechtenstein, damals noch ein Land mit vorwiegend bäuerlicher Struktur, nicht der Platz war, der unseren Talenten förderlich sein konnte. Aber auf irgendeine Weise mußten wir unseren Lebensunterhalt bestreiten. Meiner Schwester blieb nichts anderes übrig, als sich bei einer kinderreichen Schlossermeisterfamilie als Dienstmädchen – im wahrsten Sinne des Bernhardschen Wortes – zu »verdingen«. Sie zog als erste die Konsequenz und kehrte, sobald dies möglich war, nach Salzburg zurück, um ihr Cembalostudium am Mozarteum aufzunehmen.

Ich aber wollte nicht so schnell aufgeben. Ich war inzwischen im exklusiven »Waldhotel« in Vaduz für Kost, Logis und geringes Taschengeld als Telefonist, Einkäufer und Bademeister untergekommen, doch sobald ich die nötigen Schweizer Franken beisammen hatte, fuhr ich nach Zürich und Luzern, um bei Theaterdirektoren vorzusprechen. Zwar konnte ich noch kein Abschlußzeugnis vorlegen, doch nachdem ich dem Direktor des Städtebundtheaters Biel-Solothurn, das den Ruf eines Sprungbretts für Anfänger hatte, das zweite Figaro-Finale mit den heiklen Temporelationen vorgespielt hatte, war ich als zweiter Kapellmeister und Korrepetitor so gut wie engagiert. Doch dann passierte etwas, mit dem ich nicht gerechnet hatte: Die Eidgenossen verweigerten mir die Arbeitserlaubnis. Mitten in diese Enttäuschung fiel das Zauberwort »Arosa«. Ich las es in einer Annonce, in der für die Wintersaison ein Pianist gesucht wurde. »Arosa«, das Wort allein schon war ein Synonym für Schnee, blauen Himmel und Sonnenschein, wer hätte da widerstehen können?

Mit dem Hotel »Des Alpes« zog ich ohne Zweifel das große Los. Wie ein zahlender Gast hatte ich ein Zimmer und einen Tisch im Speisesaal, wo mir Köstlichkeiten serviert wurden, von denen wir im Krieg nur hatten träumen können. Dazu gab es eine monatliche Summe auf die Hand, die in Sacharinschachteln umgerechnet am schwarzen Markt in Salzburg ein kleines Vermögen dargestellt hätte. Dafür spielte ich zum Five o'clock tea und nach dem Abendessen mein gesamtes Repertoire, von Bach bis Johann Strauß, was zwar keine übliche Barmusik war, doch dem Hotelier gefiel es so sehr, daß er mich, als die Wintersaison zu Ende ging, weiterempfahl, zuerst nach Lugano, wo ich einen herrlichen Tessiner Frühling erlebte, und dann nach Luzern ins noble, über dem See gelegene »Montana«. Von »verdingen«, wie Bernhard dies in seinen literarischen Vorstellungen sah, konnte da wirklich keine Rede sein. Die Realität war damals eine andere, und ich erinnere mich gut, daß ich von allen meinen Freunden und Bekannten um die Möglichkeit, in der Schweiz zu sein, beneidet wurde.

Ich verbrachte dann noch zwei weitere Winter in Arosa, doch mit der Wiederholung begann die Begeisterung nachzulassen, und die ersten Zweifel am Sinn der Schweizer Aufenthalte stellten sich ein. Dazu kam, daß ich mich im letzten Winter in Arosa nicht wohl fühlte. Durchhustete und durchschwitzte Nächte hatten mich geschwächt, so daß ich das Schifahren aufgab und nur mehr in der Sonne saß. Als ich im Frühjahr 1948 endgültig nach Salzburg zurückkehrte, war ich zwar braungebrannt, aber so mager, daß es ein Hohn auf das gute Schweizer Essen war.

Am Mozarteum hatte ich viel nachzuholen, konnte aber schon im Juni meine Studien mit einem Diplom abschließen. Die Prüfungen bestanden unter anderem aus einem Konzert im Großen Saal des Mozarteums, in jenen heiligen Hallen, in denen ich bisher ehrfürchtig den bedeutendsten Künstlern zugehört hatte. Jetzt stand ich selbst als Dirigent von Mozarts sogenannter Freimaurerkantate vor dem Orchester und dem hundertköpfigen Chor, und als das »Dir, Seele des Weltalls« mächtig wie eine Anrufung erklang, fühlte ich mich wie ein von langer Irrfahrt Heimgekehrter, der erkannt hat, wo sein wahrer Platz ist.

Ich habe mehrmals in meinem Leben die Erfahrung machen müssen, daß wir in solchen Momenten des Glücks besonders gefährdet sind. Sie sind gleichsam eine Herausforderung an das Schicksal, zuzuschlagen, und gerade als ich am hoffnungsvollen Beginn meiner Karriere stand, hat es zugeschlagen. Bei einer Röntgenuntersuchung wurde festgestellt, daß ich »etwas auf der Lunge« hätte. Was ich seit den durchhusteten und durchschwitzten Aroser Nächten vermutete, aber nicht wahrhaben wollte, war zur Gewißheit einer exakten medizinischen Diagnose geworden: Verschattung der linken Lungenspitze. Das galt zwar als relativ harmlos, genügte aber, daß ich von einem Tag auf den anderen zu einem Patienten wurde, dem jede Aktivität untersagt war und der nun mehrmals am Tag sogenannte Liegekuren bei offenem Fenster, und das im Dezember, abhalten mußte. Der Arzt wußte nach wochenlanger, erfolgloser Behandlung mit Calciumspritzen keinen anderen Rat, als mich schließlich in die Lungenheilstätte Grafenhof einzuweisen.

Das ist also der wahre Verlauf meiner Schweizer Geschichte, aus der dann Bernhard als Quintessenz jenen oben zitierten Satz vom mittellosen Barmusiker, der sich in Arosa verdingen muß, herausdestilliert. Das über uns mit der Krankheit hereingebrochene Malheur hat Bernhard als unausweichliches Fatum gesehen, so stellt er fest: »Wir alle hatten bei Kriegsende gedacht, davongekommen zu sein, und fühlten uns sicher . . . wir hatten viel einstecken müssen, aber doch nicht das Entsetzlichste, und jetzt, ein paar Jahre nach dem Krieg, waren wir doch nicht davongekommen, jetzt schlug es zu, hatte uns eingeholt, wie wenn es uns aufeinmal urplötzlich zur Rechenschaft gezogen hätte. Auch wir durften nicht überleben!« Wir beide haben uns immer wieder den Kopf darüber zerbrochen, wo und wann wir uns die Tbc geholt haben können. Thomas gab den Schrecken und Entbehrungen des Krieges die Schuld, sonderbarerweise erwähnte er damals mir gegenüber mit keinem Wort seine schwere körperliche Arbeit im »Keller«, bei der er sich ja die alles weitere auslösende Rippenfellentzündung zugezogen hatte. Ich gab eher dem stundenlangen, einem den Atem nehmenden Eingepferchtsein in den Luftschutzstollen die Schuld als der Höhenluft in Arosa, denn eines wollte ich noch immer nicht wahrhaben, nämlich daß in einem ausgesprochenen Reizklima Krankheiten nicht nur geheilt, sondern auch ausgelöst werden können und daß viele, die dort herumspazierten, nicht Wintersportler, sondern Patienten aus den großen Lungensanatorien waren. So könnte der letzte Teil von Bernhards Satz (». . . Arosa, das hatte ihn krank gemacht«) doch noch zutreffen. Aber letztlich bleibt alles Vermutung.

Am Ende des Buches läßt Bernhard seinen Kapellmeisterfreund noch einmal »auftreten«. Ich wähle mit Absicht jenes Wort, denn die beschriebene Ankunft, das plötzliche Erscheinen in der Liegehalle, mit dem ich Thomas überrascht haben soll, hat nie stattgefunden. Auch die Geschichte von einer »Odyssee ohnegleichen«, von einer Motorradtour nach Italien, von der ich im Krankenwagen hätte zurückgebracht werden müssen, und von der komplizierten Operation, bei der mir der rechte Lungenflügel entfernt worden sei, ist eine Montage von Erfundenem und Wahrem. Wahr ist, daß ich im Jahre 1955, also fünf Jahre nach unserem gemeinsamen Grafenhof-Aufenthalt, mit einem Puch-Roller eine Fahrt zum Opernspektakel in Verona (keine Badetour ans Meer, wie Bernhard schreibt) unternahm, und ich kann mich wohl noch erinnern, daß Thomas damals dagegen war und von sträflichem Leichtsinn und dergleichen sprach. Ich fuhr trotzdem, und bald darauf brachte mich ein böser Rückfall, der mit der erwähnten Motorrollerfahrt vielleicht gar nicht in direktem Zusammenhang stand, abermals nach Grafenhof. Bernhard, der damals gerade dabei war, sich in Maria Saal bei den Lampersbergs niederzulassen, wußte natürlich davon, er hat mich sogar einmal in St. Veit besucht. Die Erinnerung daran mochte ihn auf die Idee jener nie stattgefundenen Wiederankunft seines Freundes in Grafenhof gebracht haben. Bernhard hielt nichts von einer biographisch-chronologischen Vorgangsweise, sie erschien ihm als die »geschmackloseste und gleichzeitig ungeistigste Methode«. Es handelt sich hier also um einen Kunstgriff, mit dem er seinen eigenen Willen zur Gesundung motiviert: »Wir berichteten uns, es war naturgemäß nichts Erfreuliches. Aber *sein* Bericht hatte nicht die Kraft, mich in *meinem* Entschluß, gesund zu werden, schwankend zu machen. Im Gegenteil war *ich* jetzt sein Vorbild.« Womit zugleich ein Akt der Emanzipation inszeniert wird: Der Schüler, durch seine Erfahrungen gereift, löst sich von seinem Lehrer. Soviel also zum Thema »Kapellmeisterfreund«, wie es als Dichtung und Wahrheit im Buch steht.

Obwohl zwischen uns das Buch aus den schon genannten Gründen mit keinem Wort erwähnt worden ist, konnte Thomas doch annehmen, daß ich es gelesen hatte. Zumindestens sah er es in meiner Bibliothek unter seinen anderen Titeln eingereiht. Er hatte nämlich die Angewohnheit, bei seinen Besuchen schnell und verstohlen den Blick über das Regal schweifen zu lassen, um sich zu vergewissern, ob das jeweils neueste Opus ja vorhanden war. Ich besaß fast alle seine Prosawerke, auch die Theaterstücke, soweit ich sie gesehen hatte; aneinandergereiht ergab das der Länge nach mehr, als ich von irgendeinem meiner anderen Lieblingsautoren, die Klassiker inbegriffen, besaß. Bernhards Bücher aber habe ich wirklich gelesen. Solange ich von der Hektik des Berufes in Beschlag genommen war, fehlte mir zwar oft der für Thomas Bernhard notwendige ruhige Leseatem, aber nachdem ich 1984, was die Tätigkeit an der Volksoper betraf, in Ruhestand gegangen war, habe ich mir dann vieles in aller Ruhe nochmals vorgenommen. Auch die »Kälte« konnte ich jetzt mit Gelassenheit lesen. Da allem Anschein nach bisher niemand hinter das Geheimnis des ungenannten Freundes gekommen war, machte ich mir keine Sorgen mehr, identifiziert zu werden. Doch letztlich nahm alles einen anderen Verlauf, als vorauszusehen war.

Thomas Bernhard hat schon in jungen Jahren einmal gesagt, das einzige, was ihn interessiere, sei ein eigenes steinernes Denkmal. Das war kein Bonmot, sondern völlig ernst gemeint; es war der Ausdruck eines festen Glaubens an sich, einer von keinerlei Zweifeln geplagten Selbsteinschätzung, verbunden mit dem starken Willen, sich selbst zu überleben. An diesem Denkmal hat er mit der Zielstrebigkeit und dem Angetriebensein eines Menschen gearbeitet, dem klar ist, daß ihm dafür nur eine begrenzte Zeit zur Verfügung steht. Der Morbus Boeck und die damit einhergehende progressive Herzschwäche seien ein unheilbares Leiden gewesen, so Peter Fabjan, Bernhards Arzt und Halbbruder. Alle, die Bernhard in irgendeiner Weise nahestanden, wußten, daß er ein kranker Mann war. Auch in seinen Büchern gab es ja nicht zu übersehende Hinweise auf seinen prekären Gesundheitszustand, wenn etwa immer wieder die Rede von Prednisolon ist, einem starken Medikament, ohne das er bald nicht mehr auskommen konnte. Wie krank er wirklich war, verstand er freilich oft geschickt zu verbergen, auch vor den engsten Freunden. Gelegentlich geäußerte Todesgedanken wurden nicht immer ernst genommen, sogar als makaberer Scherz abgetan, da man sein ambivalentes Verhältnis zum Tod nur allzugut kannte. So traf uns sein Tod zwar nicht unvorbereitet, aber letzten Endes doch als schmerzliches Fait accompli, denn bekanntlich wurden wir und die Welt davon erst in Kenntnis gesetzt, nachdem unser Freund bereits seine letzte Ruhe am Grinzinger Friedhof gefunden hatte. Was uns blieb, waren, außer einem Grab als Pilgerstätte, sein Werk und die Erinnerung an den Menschen. Das Werk stand als unverwechselbares, zutiefst österreichisches Literaturdenkmal eigentlich längst außer Frage. Der Mensch Thomas Bernhard war da schon zu seinen Lebzeiten nicht so einfach zu fassen.

So stand im Mittelpunkt der zahlreichen Veranstaltungen des Gedenkens nicht nur der Schriftsteller, sondern auch der Mensch Thomas Bernhard. Besonders in jener Dokumentation, die Krista Fleischmann, eine profunde Bernhard-Kennerin, zum ersten Todestag für das Österreichische Fernsehen zusammengestellt hatte. Aus Aussagen von Freunden sollte ein möglichst lebensnahes Bild des Autors entstehen, und sie wußte, an wen sie sich zu wenden hatte. Auch den ungenannten »Kapellmeisterfreund« brauchte sie nicht lange zu eruieren, Thomas hatte sie einmal bei einem Besuch mitgebracht. Als sie anfragte, ob ich bereit sei, an der Sendung mitzuwirken, war mir klar, daß dies für mich die Flucht nach vorne bedeutete, denn am Anfang meiner Geschichte würde unweigerlich das alte Tabu-Thema Grafenhof stehen müssen. Aber es galt hier auch, eine Freundespflicht zu erfüllen. Erleichtert, daß das lächerliche Versteckspiel damit ein für allemal zu Ende sein würde, sagte ich zu.

Von dem Interview, das sie in einer mehrstündigen Sitzung aufnahm, wurde allerdings nur jener Teil gesendet, der von unserem Aufenthalt in St. Veit handelt, da ich aus dieser Zeit so ziemlich der einzige Zeuge sein dürfte. Insgesamt sind ein gutes Dutzend Personen zu Wort gekommen, darunter Prominente wie Hilde Spiel oder Wieland Schmied, aber auch ganz einfache Leute wie die alte Frau Moser, die mit ihrem berühmten Nachbarn gerne am Gartenzaun getratscht hat. Bernhard hatte ein Faible für die Menschen vom Land, sie spürten es, liebten und verehrten ihn, wenn sie von seiner Bedeutung auch nur einen recht vagen Begriff haben konnten. Ihn selbst sieht und hört man in Ausschnitten aus früheren Interviews, und ausgewählte Werkzitate bilden den roten Faden durch dieses aufschlußreiche Portrait.

Doch eines fällt dem Eingeweihten sofort auf: Ausgerechnet diejenigen Personen, die laut Bernhards eigener Aussage, zumindest über eine gewisse Zeitspanne hinweg, seine jeweils »einzigen und wahren Freunde« gewesen sind, kommen darin nicht vor. Da ist einmal das Ehepaar Lampersberg. Auf ihrem Besitz in Maria Saal, Tonhof genannt, hatten sie sich in den späten fünfziger Jahren als Mäzene mit viel Gespür für aufstrebende Talente auch des jungen Bernhard angenommen. Doch die für alle Beteiligten höchst anregende und befruchtende Beziehung endete nach drei Jahren abrupt. Zu verschieden waren die Charaktere und die moralischen Ansprüche. Bekanntlich kam es Jahre danach zum Eklat, als sich die Lampersbergs im Roman »Holzfällen« auf wenig schmeichelhafte Weise porträtiert fanden und daraufhin den einstigen Freund vor Gericht brachten. Da es in der Folge nie mehr zu einer Versöhnung gekommen ist, hat man wohl lieber auf ihre Mitwirkung verzichtet.

Der zweite Fall ist der ehemalige Ohlsdorfer Vieh- und nachmalige Realitätenhändler Karl Ignaz Hennetmair, der Bernhard den Nathaler Hof sowie zwei weitere Häuser in der Umgebung vermittelt hatte. In seinem Haus ist Bernhard jahrelang ein und aus gegangen, hat dort Familienersatz gesucht und gefunden. Auch er war, wie er selbst behauptet, Bernhards einziger Freund, sie seien wie

Brüder gewesen, bis ein Vorfall, bei dem ein Diwan eine Rolle spielte, die Freundschaft über Nacht platzen ließ. Auch Hennetmair hat sich in einer Erzählung Bernhards wiedergefunden, und zwar als Moritz in »Ja«, was als Geste der Versöhnung gedacht war, zu der es aber dann doch nicht mehr gekommen ist.

In diesem Fernsehportrait gibt es noch eine bemerkenswerte Szene, ja eine Schlüsselszene im wahrsten Sinn des Wortes: Man sieht, wie Bernhard in seinem dunkelgrünen Mercedes auf seinem Anwesen vorfährt, wie eine Dame in schwarzem Lodenumhang aussteigt, auf das Haus zugeht, vom hochgelegenen Fensterbrett einen Schlüssel herunterholt und damit das große Einfahrtstor aufsperrt. Die Szene wurde von einem holländischen Kamerateam aufgenommen, das dort seit Tagen auf eine Interview-Gelegenheit lauerte, und es ist wohl nur diesem Zufall zu verdanken, daß die unbeirrbarste aller sich um Thomas Bernhard bemühenden Frauen in dem Film überhaupt in Erscheinung tritt. Denn Grete Hufnagl hat bisher allen Versuchen von Reportern und Biographen, ihr etwas zu entlocken, widerstanden. Dabei hätte gerade sie über manche Interna Aufschluß geben können. Denn Grete war immer zur Stelle, wenn Bernhard in einer seiner schöpferischen Pausen das Bedürfnis hatte, unter Leuten zu sein. Da diente sie als Gesprächsecho, Botengängerin oder Reisebegleiterin, freilich oft mehr geduldet als erwünscht, was sie jedoch von ihrer Anhänglichkeit nicht abbringen konnte. Diese Beziehung, in der sie auch emotionell stark engagiert war, endete schließlich in Resignation, als sich weitergehende Hoffnungen nicht erfüllten. So ist es verständlich, daß sie über ihre Erfahrungen und Erlebnisse an der Seite von Thomas Bernhard, die einerseits die schönsten, andererseits die bittersten gewesen sein mögen, nicht sprechen wollte.

Die Dokumentation hat, über den Gedenkanlaß hinaus, dem Toten posthum jenes Maß an Verständnis und Sympathie eingetragen, das dem Lebenden mitunter vorenthalten worden war, wie mir von vielen Seiten bezeugt wurde. Für mich jedoch brachte die Teilnahme an jener Sendung die Wende in meinem Verhalten zu dem am liebsten totgeschwiegenen Kapitel aus meiner Vergangenheit. Seit die Identität des »Kapellmeisterfreundes« ohnedies kein Geheimnis mehr war, war ich bereit, jedem Rede und Antwort zu stehen, der von mir Details aus dem Leben Thomas Bernhards zu erfahren hoffte. Nie hätte ich gedacht, daß meine Aussagen eines Tages sogar das Interesse der Literaturwissenschaft erwecken würden.

Den Anfang machte Louis Huguet, Professor der Germanistik an der Universität Perpignan und langjähriger Bernhard-Forscher. Er hatte mich in unserem spanischen Winterdomizil bei Marbella ausfindig gemacht und wollte, daß ich ihm alles, was ich über Thomas Bernhard wußte, brieflich mitteilte, was natürlich unmöglich war. Aber als er im Sommer zu weiteren Recherchen nach Wien kam, konnte ich ihm dann doch zu einigen gezielten Fragen Auskunft geben. Vieles davon ist in seine »Chronologie Johannes Freumbichler – Thomas Bernhard« eingeflossen, ein gewichtiges Kompendium, das sich zwar jeder literarischen Deutung enthält, aber Licht in die verzwickten »Stammbäume« bringen will. Mit bewundernswerter Akribie und dem größten Detailwissen sind hier Fakten und Daten sowie alle in der umfangreichen Sekundärliteratur verstreuten Hinweise zusammengetragen. Die meisten der in der Bernhard-Biographik sich hartnäkkig haltenden Irrtümer, die vom Autor selbst teils aus Unkenntnis, teils absichtlich im Sinne einer Selbstinszenierung in die Welt gesetzt wurden, müßten damit eigentlich für immer berichtigt sein.

Es war vielleicht kein Zufall, daß mich bald darauf auch der Salzburger Universitätsdozent Hans Höller in

Wien aufgesucht hat. Höller hatte bereits 1973 über Thomas Bernhard dissertiert, seither immer wieder über ihn publiziert, er arbeitete gerade an einer Bernhard-Monographie, die in der rororo-Reihe erscheinen sollte. Von seinem Freund Huguet hatte er offenbar von meinen Bernhard-Schätzen gehört. Er begutachtete all die Briefe, Ansichtskarten und Photos und erbat sich für sein Buch jene einzige Aufnahme, die von Thomas und mir aus der Zeit in Grafenhof existiert.

Von Hans Höller stammt auch die Anregung, die einer Verpflichtung gleichkam: »Hoffentlich finden Sie einmal die Zeit, über diese Lebensphase in Grafenhof und danach zu schreiben.« Damit war ein Thema angesprochen, das mir geraume Zeit immer wieder durch den Kopf gegangen war, gegen das ich mich aber angesichts der allenthalben sprießenden Erinnerungen an Thomas Bernhard bisher gesträubt hatte. Auch war ich mir gar nicht so sicher, ob sich die episodenhaften und im Grunde unerheblichen gemeinsamen Erlebnisse zu einem Buch fügen könnten.

Dann jährte sich Thomas Bernhards Todestag zum fünften Mal, und abermals schickte man mir einen Reporter ins Haus, der für eine geplante mehrstündige Bernhard-Marathonsendung um einen Beitrag bat. Ich hoffte, daß es damit für die nächste Zeit getan sein würde, doch schon im Frühjahr 1995 kam eine Anfrage aus St. Veit im Pongau.

Dort war für Ende Mai 1995 gleich ein ganzes Bernhard-Wochenende geplant, mit Vorträgen, Diskussionen und sogar mit einem Spaziergang auf den Lieblingswegen des Schriftstellers, der noch Jahre nach seinem Heilstättenaufenthalt immer wieder mit Hede Stavianicek zu kürzeren und längeren Besuchen zurückgekommen ist. Sie wohnten dann meistens bei der Familie Donauer, die gleich unterhalb der Kirche eine Fremdenpension hatte.

Richard Donauer erinnert sich, wie er als Junior bei der Betreuung der Gäste mithelfen mußte. »Ich war Bernhards Schuhputzer«, erzählt er heute nicht ohne Stolz. Auf seine Initiative wurde im sogenannten »Seelackenmuseum«, einem alten, von Schwarzach hieher zu Füßen des Heilstättenhügels transferierten Pongauer Paarhof, ein ausschließlich Thomas Bernhard gewidmeter Raum eingerichtet. Richard Donauer, der inzwischen in seinem Rahmen ein Bernhard-Experte geworden ist, macht dort auf die vorwiegend ländlichen Heimatmuseumsbesucher abgestimmte Führungen, er ist darüber hinaus auch Bernhards Anwalt, wenn es gilt, Vorbehalten dem Autor gegenüber entgegenzutreten. Seit sich St. Veit mit seiner Heilstätte in Bernhards Buch als Strafkolonie, Vorhölle und dergleichen in Verruf gebracht sieht, scheiden sich, wie immer und überall, auch hier an Bernhard die Geister. So war zum Beispiel die Benennung des Fußweges, der vom Ort zur Heilstätte führt, nach seinem wohl berühmtesten Benutzer im Gemeinderat nicht durchsetzbar. Das sogenannte Bernhard-Wochenende sollte da wohl einen Sinneswandel herbeiführen.

Ich war an die vierzig Jahre nicht mehr in St. Veit gewesen. Als ich die Einladung bekam, als Zeitzeuge von Bernhards Aufenthalt in Grafenhof über die gemeinsamen Erlebnisse zu berichten, überlegte ich zunächst, ob ich mir die Konfrontation mit jener Episode, die zeitlebens ein wunder Punkt gewesen war, noch dazu coram publico, antun sollte. Den Ausschlag für meine Zusage gab dann der angekündigte Vortrag von Hans Höller über »Thomas Bernhards Heukareck – Thomas Manns Zauberberg«. Das Heukareck ist jener drohend schwarze Berg, den die Heilstätteninsassen stets vor Augen hatten. Thomas Manns grandioser Roman ist nicht nur wegen des mich besonders berührenden Themas eines meiner Lieblingsbücher, also wollte ich Hans Höllers Gegenüberstellung, die höchst interessant zu werden versprach, nicht versäumen.

Für meinen Beitrag hatten wir die Form eines Podiumsgesprächs gewählt. In dem kleinen Vortragssaal des Heimatmuseums hatte sich dazu eine fast familiäre Runde von Einheimischen und einigen extra Angereisten eingefunden. Hier, in unmittelbarer Nähe des Originalschauplatzes, kam mir auf dem mehr oder weniger improvisierten Streifzug durch meine Erinnerungen manch längst vergessen Geglaubtes wieder in den Sinn. Es war anzunehmen, daß die meisten meiner Zuhörer die »Kälte« gelesen hatten, und so konnte ich mir schon vorstellen, daß es für sie reizvoll war, die Geschichte aus der Perspektive eines Zeitzeugen zu hören.

Anschließend gab es noch eine Diskussionsrunde, die mit der rhetorischen Frage endete, was Bernhard selbst dazu sagen würde, wenn er uns alle hier über ihn diskutieren sähe. Vielleicht hätte er wie immer mit verschmitzt zugekniffenen Augen und seinem amüsierten Lächeln gesagt: »Warum denn nicht, ist ja wunderbar«, und wäre dann wohl mit seinem typischen, mit einem kurzen Aufschnupfen verbundenen »nicht?« zur Tagesordnung übergegangen.

So ist also das erste Bernhard-Wochenende zur allgemeinen Zufriedenheit über die Bühne gegangen. Was mich betraf, tat mir nur eines leid: daß meine Worte zwar nicht ins Leere gesprochen waren, ich aber nun schon zum wiederholten Male nichts davon schwarz auf weiß besaß, was ich getrost hätte nach Hause tragen können. Mein Entschluß stand fest, die Erinnerungen an meinen Freund endlich festzuhalten, in der Hoffnung, sie könnten, zumindest für die kaum dokumentierte Grafenhofer-Zeit, die eine oder andere Lücke schließen.

# II
# Höhenluft

Von links: Thomas Bernhard, Ida Brändle, Tatjana Brändle, Viktor Hufnagl, Rudolf Brändle, Grete Hufnagl, Krista Fleischmann.

> Wir schildern Alltägliches, aber das Alltägliche wird sonderbar, wenn es auf sonderbarer Grundlage geschieht.
>
> Thomas Mann, Der Zauberberg

Die Lungenheilstätte Grafenhof befand sich eine knappe Zugstunde südlich von Salzburg. Von der Bahnstation Schwarzach St. Veit ging es mit dem Autobus noch circa zwei Kilometer hinauf, auf eine etwa zweihundert Meter über dem Salzachtal gelegene terrassenförmige Anhöhe, auf der der hübsche Gebirgsort St. Veit im Pongau liegt.

Der Ort, der keine dreitausend Einwohner zählt, liegt auf einer angenehmen Seehöhe von 750 Metern. Er ist im Norden durch das Massiv des Hochkönigs abgeschirmt, gegen Süden aber offen. Es war also kein Zufall, daß im Jahr 1913 an jenem klimatisch so begünstigten Platz eine Lungenheilstätte errichtet wurde; sie lag einen knappen Kilometer außerhalb des Ortskerns. Zu ihr gehörte auch ein landwirtschaftlicher Betrieb, der die Anstalt in puncto Versorgung mit Lebensmitteln weitgehend autark machte. Von der Ferne gesehen, hätte man den von hohen Tannen umrahmten Komplex für ein Alpenhotel halten können, wären da nicht jene primitiv gezimmerten offenen Liegehallen gewesen, die keinen Zweifel an dem Zweck der Anlage ließen. Jeder Sommerfrischler, der zufällig vorbeikam, wußte sofort, daß hier Lungenkranke ihrer Genesung entgegenlagen. Für den Fremdenverkehr war das nicht unbedingt förderlich. Gutachten bestätigten zwar, daß die Heilkraft des St. Veiter Klimas in nichts jener der berühmten Schweizer Kurorte nachstand, doch konnte vom »Österreichischen Davos«, wie es auf Ansichtskarten gerne propagiert wurde, keine Rede sein. St.

Veit ist bis heute ein kleiner Ferienort, und auch Grafenhof hätte nie mit einem der renommierten Graubündner Sanatorien, wie uns Thomas Mann in seinem »Zauberberg« einst vorgeführt hat, konkurrieren können.

Grafenhof war von Haus aus als Volksheilstätte konzipiert. Minderbemittelte Tbc-Kranke sollten hier eine Chance haben, aus dem Teufelskreis von langwieriger Krankheit und daraus resultierendem sozialen Abstieg plus Verarmung zu entkommen. Obwohl die Tbc naturgemäß keine Klassenschranken respektierte, galt sie als typische Armeleutekrankheit, deren man sich zu schämen hatte. Auch wenn man vollkommen geheilt entlassen worden war, tat man gut daran, die Sache nicht an die große Glocke zu hängen, denn die weitverbreitete Meinung lautete: einmal lungenkrank, immer lungenkrank!

Inzwischen wurde die Tuberkolose durch wirksame Antibiotika zumindest in unseren Breiten weitgehend eingedämmt, und die Institution »Heilstätte« mit all ihren negativen Aspekten ist fast schon historisch geworden. So kann man sich heute kaum mehr vorstellen, was es einst bedeutete, lungenkrank zu sein. Tbc war als Infektionskrankheit meldepflichtig, der davon Betroffene war bei der Tbc-Fürsorge aktenkundig registriert. Diese konnte nicht nur ihn und seine Angehörigen, sondern theoretisch auch jede andere Kontaktperson zu einer Kontrolluntersuchung vorladen. Vom Standpunkt der Präventivmedizin aus hatte das natürlich seine Berechtigung, doch für den Patienten war dies das eigentliche Odium und oft belastender als die Krankheit selbst. Ein Vergleich mit AIDS ist in diesem Zusammenhang gar nicht so weit hergeholt. Die Unberechenbarkeit des Krankheitsverlaufs, die unmittelbare Todesdrohung in schweren Fällen, jene gewisse Aura der Schuldhaftigkeit, vor allem aber die damit einhergehende soziale Ausgrenzung sind nicht zu leugnende Parallelen.

Ob und wie man die Krankheit überstand, war nicht allein eine Frage der medizinischen Behandlung, sondern auch eine des Geldbeutels. Wer es sich leisten konnte, fuhr nach Ägypten oder zumindest in die Schweiz. Hans Castorp, der Protagonist des »Zauberbergs«, der als Besucher nach Davos gekommen und dann für Jahre als Patient dort hängengeblieben ist, hätte seine Tuberkulose nie als persönliche Schande empfunden. Im Gegenteil, er fand die morbide Exklusivität, in die er geraten war, höchst interessant und wollte sich gar nicht davon trennen. Sich in Davos kuriert zu haben deutete auf einen gewissen sozialen Status. Nach Grafenhof gehen zu müssen, das bei der Bevölkerung den denkbar schlechtesten Ruf hatte, war hingegen so ziemlich das Ärgste, was einem passieren konnte. Die Assoziation mit der Krankheit machte aus der schönstgelegenen Heilstätte eine Stätte des Unheils. Noch drastischer fiel Thomas Bernhards Beurteilung aus: »Ohne daß ich selbst es mir voll und ganz erklären hatte können, war mir das Wort Grafenhof schon seit frühester Kindheit als Schreckenswort bekannt. Es war schlimmer, nach Grafenhof zu gehen, als nach Stein oder Suben oder Garsten, in die berühmten Strafanstalten.«

Der Vergleich, der wie eine jener typischen Bernhardschen Übertreibungen klingt, ist gar nicht so unzutreffend. Ein Strafgefangener weiß, wann er entlassen wird, einem in eine öffentliche Lungenheilstätte Eingewiesenen fehlte diese sichere Perspektive. Die drei Monate, die jeder fürs erste einmal verordnet bekam, waren sozusagen das Mindeststrafmaß, bei dem es aber fast nie blieb. Je nach Genesungsfortschritt kam es zu wiederholten Verlängerungen um zwei bis drei Monate, so daß mancher Patient, ehe er sich dessen versah, seine ein bis zwei Jahre beisammen hatte. Dabei konnte er noch froh sein, wenn man ihn nicht in die Lungenchirurgie nach Salzburg schickte, was fast einem Todesurteil gleichkam, oder nach Wien, wo jene gefürchteten Operationen wie Lappenresektion oder Thorakoplastik ausgeführt wurden. Es mag schon richtig sein, daß dies besonders schwere Fälle waren, denn nach der Statistik der Heilstätte sollen mindestens zwei Drittel aller Patienten als vollständig geheilt entlassen und nie mehr gesehen worden sein, doch der Neuling, der, so wie ich, mit einem unbedeutenden Schatten unter die »Tuberer« geriet, hatte meist keine Ahnung von den »Aufstiegschancen« in jener makaberen Krankenhierarchie. Auch ich hatte ja gehofft, zunächst mit ein paar Calciumspritzen und den täglichen Liegekuren zu Haus bei offenem Fenster davonzukommen. Als ich die »Einberufung« nach Grafenhof in Händen hielt, taten mir, mehr als ich selbst, meine Eltern leid, die allen unseren Freunden und Bekannten gegenüber nicht den Mut zur Wahrheit aufbrachten. Ich befände mich wieder in der Schweiz, verbreiteten sie, und dies wurde – nicht ohne einen gewissen Neid – auch geglaubt.

Es gibt im Leben Tage, die man mit allen Einzelheiten im Gedächtnis behält. Der 28. März 1949 war ein föhniger Vorfrühlingstag, das Gebirge schwarz und zum Greifen nahe. Das Tauwetter hatte den Weg von St. Veit zur Heilstätte, der durch eine Art Niemandsland führte, unter Wasser gesetzt. Als ich mit meinem Koffer auf der Anstaltshöhe angekommen war, hatte ich nasse Füße und war schweißgebadet. Das Mittagessen war gerade vorüber, trotzdem servierte man mir im leeren Speisesaal, auch das weiß ich noch genau, Rindfleisch mit Spinat, was ich mit Galgenappetit verspeiste; ich wußte ja noch nicht, daß dies dreimal in der Woche mein Standard-Menü sein würde. Dann wies mich eine geistliche Schwester in eines der südseitigen, »komfortablen« Dreibettzimmer mit Fließwasser ein, übergab mir eine Fiebertafel, eine kleine braune Spuckflasche und die Hausordnung und überließ mich dann meinen beiden Zimmergenossen, einem ukrainischen Juristen und einem Ingenieur aus Wien. Noch am selben Nachmittag wurde ich zum Röntgen bestellt und bekam fürs erste die obligaten drei Monate verordnet.

Meine Zimmergenossen repräsentierten zwei konträre Patientengruppen, Opfer und Täter, wie sie der Krieg hier zusammengeführt hatte: Der Jurist aus der Ukraine war ein aus dem Osten Vertriebener, der in die USA auswandern wollte, aber an der *x-ray-control* der Amerikaner hängengeblieben war, der andere, ein ehemaliger NS-Parteifunktionär, war überzeugt, sich seine Tbc im Lager Glasenbach geholt zu haben, wo ihn die Amerikaner zur Entnazifizierung monatelang festgehalten hatten. Mich, den Neuling, beobachteten sie mit dem nachsichtigen Lächeln der Wissenden, vor allem wenn ich in den ersten Tagen die Türklinke nur mit den Ärmeln niederdrückte und am liebsten gar nichts berührt hätte – innerhalb der Heilstätte gab es nämlich keine Trennung zwischen offenen und geschlossenen Tbc-Fällen, was übrigens auch sinnlos gewesen wäre, denn wer heute »negativ« war, konnte morgen schon »positiv« sein und umgekehrt. Aber man sah darauf, daß die Patienten, die ja oft Monate miteinander verbringen mußten, halbwegs zusammenpaßten. So waren in den kleinen Südzimmern vorwiegend Beamte, Akademiker, auch Ärzte, die ja besonders Tbc-gefährdet waren, während man sogenannte einfache Leute, Bauern oder Arbeiter, in den großen Schlafsälen mit zehn oder mehr Betten unterbrachte. Wenn Thomas Bernhard also schreibt, daß ein Blick auf seinen alten Papierkoffer genügt hätte, um ihn, den mageren Kaufmannslehrling, in das minderwertigste nordseitige Zwölfbettzimmer einzuweisen, so geschah dies wohl aus dem genannten Grund, weil dort eben vorwiegend Lehrlinge untergebracht waren.

Für alle gleichermaßen verbindlich war die Tagesordnung, die genau vorschrieb, was wann und wo zu tun sei: wann gegessen oder spaziert werden mußte, wann man sich in die »Horizontale« zu begeben hatte, womit die über den ganzen Tag verteilten Liegekuren gemeint waren, die bei jedem Wetter, im Sommer und im Winter in den offenen Liegehallen absolviert wurden. Die wichtigste dieser Liegekuren war jene nach dem Mittagessen, die »Absolute« oder die »Strenge«, wie sie genannt wurde, da weder gesprochen noch gelesen werden durfte. Für zwei Stunden versank die Anstalt in einen Dornröschenschlaf, den zu stören oder gar zu schwänzen als das allergrößte Vergehen galt.

Die einzig erlaubte Form körperlicher Betätigung war der Spaziergang, wobei ein genau ausgeklügelter Zeitplan ausschloß, daß sich Frauen und Männer zusammenfanden. Je eine Stunde vor- und nachmittags, im Sommer auch noch eine nach dem Abendessen, waren dafür vorgesehen, genug, um das kleine Territorium auszuschreiten, das Wiesen, Felder und einen kleinen Lärchenwald umfaßte und sich gegen Osten bis zur St. Johanner Höhe hinzog, wo man einen wunderbaren, gleichsam grenzenlose Freiheit vortäuschenden Ausblick auf das Tennengebirge hatte. Ging man jedoch nach Westen, also Richtung St. Veit, stieß man bald auf einen Jägerzaun, der sich halbverfallen durchs Gebüsch zog und an dem Tafeln mit der Aufschrift »Halt, Heilstättengrenze!« angebracht waren. Spätestens hier wurde man daran erinnert, was man war: ausgegrenzt, unfrei und jenseits der Tafel unerwünscht.

Die Liegekuren und Spaziergänge in der Höhenluft waren zu unserer Zeit die Therapie par excellence, und die ärztliche Behandlung beschränkte sich in der Regel auf die Kontrolle der damit erzielten Genesungsfortschritte. Einmal im Monat wurde man durchleuchtet, vorausgesetzt, daß der einzige Röntgenapparat nicht gerade kaputt war. Einen Pneumothorax anzulegen, ein ebenso einfacher wie effektiver Eingriff, dazu entschlossen sich die Ärzte oft erst nach monate- und jahrelangem Zuwarten, und die neuen Antibiotika wie das Streptomyzin, von denen sich die Patienten Wunder erhofften, waren noch zu teuer und mußten, falls jemand dazu in der Lage war, in der Schweiz oder am schwarzen Markt besorgt werden. Die Rückständigkeit, die in Grafenhof herrschte, mochte ihre Ursache auch darin haben, daß der Primarius Edelmüller bereits seit einem Vierteljahrhundert unangefochten amtierte; ihm zur Seite standen der Oberarzt Prinz sowie der Sekundararzt Graf, beide jüngere und ambitionierte Leute, die hier aber letztlich auf verlorenem Posten standen.

Edelmüller, Prinz und Graf, so hießen sie wirklich, die Ärzte in Grafenhof, und wer Thomas Bernhard kennt, würde meinen, daß die Zufälligkeit dieser Namensreihe ein willkommener Anlaß für seinen Spott gewesen wäre. Doch in der »Kälte« kommt kein einziger Arztname vor. Dies geschah keineswegs aus Rücksicht oder Diskretion. »Das kann man nicht schreiben«, sagte er einmal, »das Buch wäre vollkommen hin gewesen.« Auch wenn er die Namen der Ärzte nicht nennt, geht er mit ihnen hart ins Gericht: Der Primar, ein Nationalsozialist, den man 1945 nicht zum Teufel gejagt habe, sei verfettet, gemein und stumpfsinnig gewesen, habe ein militärisches Gehabe gehabt und sei mit den Patienten umgesprungen, als wären sie seine Soldaten. Assistent und Sekundar seien nichts als Befehlsempfänger, Schergen dieses perfiden Mannes gewesen; ein Triumvirat, vor dem man ununterbrochen auf der Hut sein mußte. Natürlich konnte eine Heilstätte wie Grafenhof nur mit einer gewissen Strenge geführt werden. Der Primar war zwar immer freundlich, aber nie leutselig, er hat nie jemanden, wie Bernhard behauptet, bevorzugt und andere benachteiligt, er war von einer Korrektheit, die an einen altösterreichischen Beamten erinnerte. Wer immer sich bei einem Verstoß gegen die Hausordnung erwischen ließ, wurde ohne Ansehen der Person gemaßregelt, wie ich es selbst zu guter Letzt erfahren habe. Wenn es Bernhard trotz nachhaltiger Bemühungen nicht gelang, mit dem Primar ins Gespräch zu kommen, so lag dies nicht daran, daß er »eine gesellschaftliche Null« war, wie er sich selbst definierte, sondern daran, daß der Primar sich so gut wie nie mit einem Patienten über das ärztlich Notwendige hinaus einließ.

Um so größer war meine Überraschung, als ich schon in den ersten Tagen am Gang von ihm angesprochen und seiner Frau vorgestellt wurde. Ich kannte die alte Dame vom Sehen und hatte auch schon gehört, daß sie jeden Sonntagvormittag, wenn der Primar bei seiner Kartenrunde im Ort weilte, gerne Herren, wie etwa den Verwalter oder einen ihr empfohlenen Patienten, zu sich auf ein Stamperl Schnaps einlud. Ich konnte nicht ahnen, daß sie mit mir noch etwas anderes vorhatte. In ihrem Salon stand nämlich auch ein Flügel. Doch die Frage, ob Frau Primar gar selbst spielen, hätte ich lieber unterlassen sollen. Denn ehe ich mich's versah, saß ich neben ihr auf der Klavierbank, am Notenpult aufgeschlagen Schuberts Unvollendete zu vier Händen. Was blieb mir übrig, als gute Miene zu solch abgekartetem Spiel zu machen. Ich begann also im Secundo mit den ersten Takten des Baß-Solos, als Frau Primar mit lauter Stimme zu zählen begann: ei-ne, zwei-je, drei-je, wie es einst in den Klavierstunden höherer Töchter Usus war, ei-ne, zwei-je unentwegt, bis zum Ende der malträtierten Symphonie. Ich weiß nicht mehr, wie ich mich letztlich aus der Affäre gezogen habe, doch das musikalische Opfer war wenigstens nicht vergeblich gebracht. Als der Primar auf Sommerurlaub ging, gestattete er mir den Zugang zum Klavier, was eine unschätzbare Hilfe bei der Komposition eines Klavierstückes zu vier Händen war, wofür damals gerade ein Preis ausgeschrieben worden war. Zu gewinnen gab es dabei nichts außer der Ehre einer öffentlichen Aufführung samt Radioübertragung, aber es reizte mich, daran teilzunehmen. So schrieb ich während der Liegekuren, die Notenblätter auf den aufgestellten Knien und das ei-ne, zwei-je noch in den Ohren, ein Stück, das eigentlich als Persiflage auf das vierhändige Spiel gedacht war. Die Komposition mußte anonym eingesandt werden, und um den Jux perfekt zu machen, wählte ich als Kennwort »Bitte nicht laut zählen«. Ich weiß nicht, welche Kapazitäten in der Jury saßen, jedenfalls nahmen sie die Sache todernst und gaben mir den Preis.

Die Musik war aber nicht das einzige, mit dem ich die ungewisse Zeit der Verbannung einigermaßen sinnvoll auszufüllen versuchte. Nie mehr in meinem späteren Leben hatte ich so viel Muße zum Lesen. In den Paketen, die meine Mutter mir schickte, befanden sich außer Gebackenem und Geselchtem auch Bücher von meiner Wunschliste: Fachliteratur, deutsche und amerikanische Belletristik, die uns im Nationalsozialismus vorenthalten worden waren. Die wenigsten meiner Mitpatienten hatten freilich das Talent oder die Möglichkeit, den Zwangsurlaub so zu nutzen. Viele lagen ihre Monate geistig und körperlich erstarrt in der Liegehalle vor sich hindösend ab, bis sie, je nach Temperament, völliger Apathie oder dem sogenannten Heilstättenkoller anheimfielen. Ich erinnere mich an einen Patienten, ruhig und unauffällig, der eines Tages beim Mittagessen plötzlich das Besteck hinwarf und aus dem Speisesaal stürmte. Am nächsten Tag war er über alle Berge.

In Grafenhof gab es natürlich auch Stunden unterhaltsamer Geselligkeit, vor allem an den langen, damals noch fernsehlosen Abenden. Man kam abwechselnd in einem der Zimmer zusammen, um bei einer eingeschmuggelten Flasche Wein einen Geburtstag oder einen Abschied zu feiern. Allerdings waren wir dabei auf eine reine Männergesellschaft reduziert. Zwar hielten sich in der Anstalt Männer und Frauen ungefähr die Waage, der Kontakt untereinander war aber unerwünscht und wurde durch separate Speisesäle und Aufenthaltsräume soweit wie möglich verhindert. Der einzige Ort, wo Patienten und Patientinnen sich einigermaßen unbehelligt treffen konnten, war die gemeinsame Schuhkammer. Die Damen, die ich dort kennenlernte, waren unterschiedlichsten Alters und gehörten, Zufall oder nicht, vorwiegend zu jener Patientenhautevolee, die in den Parterrelogen untergebracht war. Ohne sich eigens zu verabreden, traf man sich nach den Mahlzeiten in der kleinen Parkanlage hinter dem Hauptgebäude, wo es rund um einen Goldfischteich ein paar uneinsehbare Ruhebänke gab. So harmlos diese Rendezvous auch waren, gaben sie uns doch vorübergehend das Gefühl gesellschaftlicher Normalität.

Dies waren also der Schauplatz und der Stand der Dinge, bevor im fünften und letzten Monat meines Aufenthaltes die eigentliche Geschichte, die es hier zu erzählen gilt, ihren ungewöhnlichen Anfang genommen hat. Der Gang zu meinem Zimmer im zweiten Stock endete an einem Fenster, von dem man einen hübschen Ausblick auf St. Veit hatte. Ich hatte es mir zur Gewohnheit gemacht, am späten Nachmittag, nach der letzten Liegekur, dort eine Weile innezuhalten und zu beobachten, wie die Sonne im Laufe der Monate bei ihrem Untergang immer weiter den Kamm der Hohen Tauern entlang nach Westen und wieder zurück wanderte. Inzwischen war es Anfang August geworden, und ich begann die Tage bis zu meiner Abreise zu zählen. Wenn ich von meinem Fensterplatz hinausblickte, sah ich mich schon im Geiste mit meinem Koffer den Weg hinunter und durch das Niemandsland in die Freiheit ziehen.

Eines Tages, als ich wieder einmal am Gangfenster vor

mich hin meditierte, stand plötzlich ein noch ziemlich junger Mann neben mir, den ich noch nie gesehen hatte. Einige Minuten blieben wir schweigend nebeneinander, ich von der ungebetenen Gesellschaft irritiert, er sichtlich verlegen wie jemand, der etwas sagen möchte, aber nicht weiß, wie er beginnen soll. Doch als er merkte, daß ich gehen wollte, wandte er sich mir mit einem Ruck zu und erklärte ohne irgendwelche Präliminarien, daß er der Enkel von Johannes Freumbichler sei und Sänger werden wolle. Mich erstaunten die Direktheit und der fast kategorische Unterton, so als wollte er mich zwingen, an Ort und Stelle darauf zu reagieren. »Ach so, Freumbichler«, sagte ich nach einer Schrecksekunde, »das ist doch der Schriftsteller, der die ›Philomena Ellenhub‹ geschrieben hat«, worauf meinem Gegenüber die Freudesröte ins Gesicht stieg. Es war auf den ersten Blick das, was man ein gutes Gesicht nennen konnte, vielleicht ein wenig verschlossen und zu ernst für sein Alter, jedenfalls nicht unsympathisch, wenn auch auf den zweiten Blick nicht zu übersehen war, daß es voller sogenannter Pubertätspickel war. »Und Sänger wollen Sie werden?« sagte ich weiter und dachte: Wie immer der Befund dieses mageren, aufgeschossenen Burschen sein mag, warum muß er ausgerechnet Sänger werden? Er habe eine Baßstimme und habe auch schon Gesangstunden genommen, sagte er, als hätte er meine Gedanken erraten. Ich war so überrascht, daß ich im Moment nicht wußte, was ich weiter zu diesem sonderbaren »Steckbrief« sagen sollte, mit dem mich mein Gegenüber offensichtlich beeindrucken wollte.

Inzwischen war zum Abendessen geläutet worden, was unser Gespräch fürs erste beendete. Doch der junge Mann ging mir nicht aus dem Sinn. Warum kommt er mit seiner Geschichte ausgerechnet zu mir, was erwartet er, dachte ich. Einerseits hatte er mich neugierig gemacht, andererseits wollte ich nicht unbedingt so kurz vor meiner Entlassung noch eine neue Bekanntschaft schließen. So beschloß ich, auf meine Viertelstunde vor dem Fenster zu verzichten. Zwei Tage sah ich ihn nur im Vorübergehen, wie er am Fenster stand und offensichtlich auf mich wartete. Am dritten Tag dann, als ich nach der letzten Liegekur in mein Zimmer kam, fand ich auf dem Kopfpolster einen Brief vor. Es waren nur wenige Zeilen, doch ohne erst ein Wort gelesen zu haben, fiel mir sofort der runde, rhythmisch dahinfließende Duktus dieser Schrift auf, die längst alles Schülerhafte abgelegt hatte. Leider habe ich den Brief nicht aufgehoben, wie hätte ich auch nur ahnen können, welch wertvolles Dokument er einmal sein könnte, doch sein Inhalt ist mir bis heute so gut wie im Wortlaut erinnerlich: daß er mich in der Kapelle Orgel spielen gehört habe, daß die Musik nun einmal sein alles sei und daß er sich deshalb erlaube, mich in aller Form um meine Freundschaft zu bitten. Unterschrieben: Ihr Thomas Bernhard. Ich war etwas beschämt über meine Reserviertheit. Wer weiß, wie schwer es dem jungen Mann gefallen sein mochte, diesen Brief zu schreiben, und ich hatte das Gefühl, nun rasch etwas gutmachen zu müssen. Ich nahm den Brief, trat aus dem Zimmer, und da stand er auch schon am Gangfenster, als hätte er auf mich gewartet. So unbefangen wie nur möglich ging ich zu ihm und gab ihm die Hand. Seine war kalt und feucht, wie es der gestörte Wärmehaushalt des Lungenkranken oft mit sich bringt. Ich sagte meinen Vornamen und bot ihm spontan das Duwort an. Dies war der denkwürdige Beginn einer Freundschaft, von der keiner der Beteiligten voraussehen konnte, wohin sie führen würde.

Wie wir uns damals kennenlernten, hat Thomas Bernhard in seinen Erinnerungen beschrieben, wobei er die Geschichte mit dem Brief allerdings nicht erwähnt. Auch was den chronologischen Verlauf betrifft, gibt es erzähltechnisch bedingte Freiheiten. So berichtet Bernhard, daß er sich nach seiner Ankunft in Grafenhof gierig um einen Leidensgenossen umgeschaut habe, dem er sich hätte öffnen können, aber er habe niemanden gefunden, wenigstens nicht in den ersten Wochen. Dem sind folgende Daten entgegenzuhalten: Bernhards Ankunft in Grafenhof am 27. Juli 1949 und meine Abreise am 20. August 1949, dies ergibt gezählte vierundzwanzig Tage für den ersten gemeinsamen Aufenthalt. Thomas muß mich also schon in den ersten Tagen in der Kapelle beim Orgelspiel ausfindig gemacht und daraufhin angesprochen haben, da es sich sonst zeitlich kaum mehr ausgegangen wäre, all das zu unternehmen, was unsere sozusagen per Eilbrief geknüpfte Freundschaft erst mit Inhalt erfüllen sollte. Da meine Abreise bevorstand und Thomas noch möglichst viel von jener Welt der Kunst und Musik erfahren wollte, in die er sich durch unsere Gespräche eingebunden fühlte, wich er mir bald nicht mehr von der Seite und mochte enttäuscht gewesen sein, daß ich mich nicht ausschließlich ihm widmete. Ich hatte ja weiterhin meinen Bekanntenkreis, in dem es auch ein paar interessante Leute gab. Sie wunderten sich über meinen neuen Umgang und fragten, wieso mir dieses Bürscherl denn wie ein Schatten folge. Ich hätte ihnen wohl nur schwer erklären können, warum ich mich mit diesem unscheinbaren jungen Mann überhaupt befaßte. Meine Abreise, mit der alles ein abruptes Ende fand, war des einen Freud, doch des anderen Leid: »Ich war wieder allein«, klagt Bernhard, »meine Sätze hatten keinen Widerpart mehr, ich redete, blieb aber ohne Antwort. Ich war an den Ausgangspunkt zurückgeworfen, der Faden, der mich mit Kunst, ja selbst mit Wissenschaft verbunden hatte, war abgerissen.«

Als wir uns voneinander verabschiedeten, war es gänzlich ungewiß, ob wir uns irgendwann und irgendwo wiedersehen würden, wir hatten nichts vereinbart, weder zu schreiben, noch einander zu besuchen. Stillschweigend waren wir übereingekommen, alles der Zukunft zu überlassen.

Man hatte mich gesund entlassen, und so wie ich mich fühlte, hatte ich keinen Grund, den Ärzten zu mißtrauen. Seit dem Abschlußexamen an der Musikhochschule war über ein Jahr vergangen, und ich machte die schmerzliche Erfahrung, daß man nicht auf mich gewartet hatte. An den Theatern waren alle Vakanzen für die nächste Saison längst vergeben. Ich versuchte einiges, unter anderem, ein Kammerorchester auf die Beine zu stellen, doch platzten alle Vorhaben wie Luftballons, als der prominente Lungenfacharzt P.-H., derselbe, der Thomas noch übel mitspielen sollte, abermals einen verdächtigen Herd, diesmal auf der rechten Seite, entdeckte. Kurzum, das Schicksalsrad begann sich aufs neue zu drehen, und Anfang April landete ich zum zweiten Mal in Grafenhof. Doch diesmal war es keine Fahrt ins Ungewisse, es hatte etwas von einer Heimkehr. Ich bezog wieder mein altes Zimmer, hatte meinen alten Platz im Speisesaal und in der Liegehalle. Irgendwie war dies alles von einer bedenklichen Symbolik, so als wäre mit meiner Rückkehr die Ordnung wiederhergestellt.

Von meinen ehemaligen Mitpatienten waren einige noch immer, andere schon wieder da. Nur einer fehlte: mein Freund Thomas. Ich hatte den ganzen Winter über nichts von ihm gehört. Doch dann traf eines Tages ein Brief ein, er liege wieder auf der Lungenbaracke im Salzburger Landeskrankenhaus, dann eine Karte – »Komme demnächst wieder nach St. Veit« –, und am 13. Juli war er dann wirklich da. Als Thomas im Februar aus Grafenhof entlassen worden war, dachte auch er, nun für alle Zeiten geheilt zu sein. In Wirklichkeit hatte man ihn, ob mit böser Absicht oder infolge einer eklatanten Fehldiagnose sei dahingestellt, mit einer Kaverne, das heißt mit einer offenen Tbc, nach Hause geschickt. Was er in der Folge durchmachte, ist in allen unglaublichen Details in seinem Buch nachzulesen. Das Ärgste war wohl jener Zwischenfall in der Ordination des schon erwähnten Salzburger Lungenfacharztes, der Thomas aus grober Fahrlässigkeit – während des Pneufüllens hatte er mit seiner Köchin wegen des Speisezettels telefoniert – an den Rand eines Kollapses brachte. Der Pneu war jedenfalls ruiniert, als letzter Ausweg blieb das sogenannte Pneumoperitoneum, der Bauchpneu, ein selten durchgeführter Eingriff dessen Phänomene, so die unter der Haut glucksende Luft, Bernhard später zu seiner und seiner Freunde Belustigung vorführte. Als er jetzt nach Grafenhof zurückkehrte, war er kein »Anonymus ohne die geringste Reputation« mehr, sondern ein besonderer, aber eher unangenehmer Fall, vor allem für die Ärzte, denen so ein Pneumoperitoneum noch nie vorgekommen war. Nun war es Bernhard, der ihnen Anweisungen gab, wie sie bei der Füllung vorzugehen hätten, was einem ersprießlichen Verhältnis zwischen Arzt und Patient nicht gerade förderlich war. Und daß man ihn in eine der Parterrelogen eingewiesen hatte empfand er, mißtrauisch wie er war, weniger als Bevorzugung denn als böse Absicht, ihn dort zu isolieren.

Wie sich unser Wiedersehen abgespielt hat, ist mir heute nicht mehr erinnerlich. Ich weiß nur, daß wir sehr rasch in die alte Vertrautheit zurückgefunden haben, obwohl die drei gemeinsam verbrachten Wochen ja fast ein Jahr zurücklagen. Auch unsere Aktivitäten haben wir unverzüglich wiederaufgenommen, jetzt aber, da alles auf längere Sicht geplant werden konnte, gezielter und systematischer, als es vormals der Fall gewesen war. Im Mittelpunkt stand naturgemäß wieder die Musik. Thomas hatte den Klavierauszug der »Zauberflöte« und ein Arienalbum mitgebracht, und da seine musiktheoretischen Kenntnisse ziemlich fragmentarisch waren, unterwies ich ihn am Beispiel seiner Lieblingsstücke in Harmonie- und

Formenlehre sowie in den Grundzügen der italienischen Sprache, da wir der Meinung waren, daß dies für eine zukünftige Sängerlaufbahn, an die er damals fest glaubte, von Nutzen sein würde. Während die anderen Patienten Karten spielten oder ihre Runden ums Haus drehten, saßen wir auf der Bank hinter der Liegehalle, mit unseren Studien beschäftigt.

Allerdings hatte ich schon bald den Eindruck, daß es Thomas gar nicht so sehr darum ging, wirklich etwas zu lernen. Es imponierte ihm offensichtlich, daß sich der in seinen Augen bereits arrivierte Freund mit ihm beschäftigte, sich um ihn bemühte. Aber um über die Hürden des Lernens hinweg zu einem effektiven Ergebnis zu kommen, dazu fehlte es ihm an Ausdauer, wie ich bald bemerkte. So kamen wir im Italienischen nicht viel weiter als zu einer halbwegs korrekten Aussprache, und die musiktheoretischen Erörterungen mochten ihm allenfalls den Horizont so weit geöffnet haben, um zu begreifen, daß hinter den schwarzen Notenköpfen mehr als bloß zu reproduzierende Töne steckten. Sich auf ein Thema länger zu konzentrieren war nicht seine Stärke, schon nach einer halben Stunde pflegte er abzuschweifen, sich ad hoc in Wortspielereien zu verlieren, die schnell in albernen Blödeleien enden konnten. Dies alles wäre ja mit seiner unausgegorenen Jungenhaftigkeit zu entschuldigen gewesen, aber oft war ich nahe daran, alle Bemühungen aufzugeben und die Zeit lieber für mich zu verwenden. Anderentags war er wieder voller Interesse und Wissensdurst, so daß ich mich der pädagogischen Herausforderung, zu der mein Freund für mich nun einmal geworden war, nicht so ohne weiteres entziehen wollte. Daß ich es mit ihm nicht immer leicht hatte, geht aus einem Brief an meine Eltern hervor, in dem es heißt: »Mit Bernhard bin ich derzeit zerstritten, das heißt, als Strafe für sein kindisches Benehmen habe ich ein paar Tage nicht mit ihm gesprochen. Er ist ein armer Narr, der nicht leicht zu behandeln ist.« Was immer der konkrete Anlaß für dieses Urteil gewesen sein mochte, es bezeugt, daß unser Umgang miteinander nicht immer ganz reibungslos war.

Das einzige, was uns nach wie vor ungetrübte Freude bereitete, waren die Sing- und Musizierstunden in der Anstaltskapelle oder in der St. Veiter Kirche. Schon in den ersten Tagen waren wir ohne Erlaubnis in den Ort gegangen, um die dortige Organistin aufzusuchen, die Thomas noch von seinem ersten Aufenthalt her kannte. Anna Janka, eine zierliche, weißhaarige Dame, war ausgebildete Musikerin. In jungen Jahren kam sie als Patientin nach Grafenhof und ist dann für den Rest ihres Lebens in St. Veit hängengeblieben, wo sie sich auch als Leiterin des Kirchenchors ein Zubrot verdiente. Sie bewohnte im sogenannten Armenhaus, das sich nur wenige Schritte unterhalb der Kirche befand, eine Dachkammer, die mit Bauernmöbeln, einem Harmonium und Erinnerungsstükken aller Art angefüllt war. Ölgemälde und Aquarelle an den Wänden zeugten von der Doppelbegabung der Bewohnerin. Das Schönste war jedoch der Balkon, der wie ein offener Altan in den verwilderten Garten ging. Manche stimmungsvolle Stunde haben wir dort in Gesellschaft der feinsinnigen alten Dame verbracht, die bei aller Resignation ihre gottergebene Heiterkeit bewahrt hatte. Thomas hatte ein Faible für die besondere Atmosphäre dieses Hauses, das ihn an seine Kindheit in Traunstein erinnert haben mochte.

An die Besuche bei Anna Janka schloß sich meist eine Singstunde in der Pfarrkirche an. Wann immer wir wollten, hatten wir Zutritt zu der Orgel, und ich begleitete Thomas bei seinen Arien. »O Isis und Osiris« und die Osmin-Arien paßten zwar nicht ganz hieher, eher schon der Gabriel aus der »Schöpfung«, aber da sein Repertoire noch sehr beschränkt und er kein guter Sänger vom Blatt war, sang er halt immer dieselben Stücke. Gelegentlich begleitete ihn auch Anna Janka, dann stellte ich mich zum Altar, um mir auf größere Distanz ein Urteil über seine Stimme und deren Tragfähigkeit zu bilden. Sie hatte ein warmes, baritonales Timbre. Sie war noch unausgebildet, ergo auch unverdorben, doch eine gute Aussprache und eine prägnante Diktion, verbunden mit einem gewissen musikalischen Instinkt, machten wett, was da noch an Gesangstechnik fehlte. Wenn sein »Und Gott sprach« durch den leeren, überakustischen Kirchenraum hallte, so konnte man sich schon vorstellen, daß, Fleiß und Ausdauer vorausgesetzt, einmal was daraus hätte werden können. Meist waren wir mit unserer Musik allein, nur einmal, während Thomas gerade einige Stücke aus dem Liederbuch der Anna Magdalena Bach sang, kamen zwei ältere Damen und ein junges Mädchen in die Kirche. Sie hörten still zu, und als der Gesang zu Ende war und die beiden Ausführenden von der Orgel herabstiegen, traten sie auf uns zu, und es stellte sich heraus, daß es alte Bekannte von Anna Janka waren. Sie konnten sich gar nicht genug darüber wundern, daß diese schöne und kraftvolle Stimme zu dem aufgeschossenen, mageren jungen Mann gehörte. Thomas stand mit zugekniffenen Augen da und wußte nicht, ob er jetzt stolz oder verlegen sein sollte.

Inzwischen war ein Gewitter aufgezogen, und als wir aus der Kirche traten, regnete es in Strömen. Die Damen, die nur ein paar Schritte zu ihrer Unterkunft hatten, liehen uns ihren Schirm, den wir noch am selben Abend zurückzubringen versprachen. Nach dem Abendessen zogen wir also wieder los und trafen die Damen am Balkon ihrer Pension an. Rasch kam eine ungezwungene Unterhaltung in Gang, die eine der Damen war Wienerin und während des Krieges Patientin in Grafenhof gewesen, die andere ihre Freundin aus Berlin. Das Mädchen, deren Nichte, war ungefähr in Thomas' Alter, eine kühle Schönheit mit einem Madonnengesicht. Ihr besonderer Charme lag in ihrem norddeutschen spitzen S, das Thomas sichtlich belustigte. Überhaupt war er an diesem Abend so »aufgekratzt«, wie ich ihn zuvor noch nie erlebt hatte. Es war neun Uhr, als wir uns verabschiedeten, und wir hatten damit prompt die Grafenhofer Sperrstunde versäumt. Zum Glück gelang es uns, durch die Kapelle, wo die Schwestern ihre Abendandacht hielten, unbemerkt auf unsere Zimmer zu gelangen.

Dies war also die erste Begegnung Thomas Bernhards mit Hedwig Stavianicek, seinem späteren »Lebensmenschen«. Diese Episode ist eher zufällig in meinem Taschenkalender, der ansonsten, was die Zeit in Grafenhof betrifft, nur spärliche Eintragungen aufweist, in Stichworten unter dem Datum 27. Juli 1950 festgehalten. Von diesem für Bernhard doch so denkwürdigen Tag findet sich in der »Kälte« kein Wort, was nicht ganz unverständlich ist: Wie oft bei solchen ersten Begegnungen passierte nämlich zunächst gar nichts, das Erkennen des Für-einander-bestimmt-Seins hat damals sicher nicht stattgefunden.

Thomas' Aufmerksamkeit galt zudem weniger den beiden älteren Damen als dem Mädchen. Sie hieß Linde, und wegen ihrer sonnengebräunten Haut nannte er sie »Mokkalinde«. Er war sichtlich von ihr angetan, und ich merkte, daß er sie wohl gerne wiedergesehen hätte.

Wir wußten, daß die Damen zwei Tage später einen Ausflug nach Goldegg unternehmen wollten, und nahmen uns vor, sie dort zu überraschen. Diesmal brachen wir unter den größten Vorsichtsmaßnahmen schon mitten unter der »Strengen« auf, denn der direkte Weg über Schernberg, der gleich hinter der St. Veiter Kirche hinunter in einen tiefen Graben und auf der anderen Seite wieder steil hinauf führt, ist mühsam und zeitraubend. Ein slowenischer Geistlicher gesellte sich dabei zu uns, wie sich herausstellte, war er der Pfarrer der Nervenheilanstalt, die im Schloß Schernberg untergebracht war. Dort angekommen, führte er uns durch die Kirche und den Schloßhof, wo die Patienten, harmlose, aber meist unheilbare Fälle, gerade spazierengingen oder apathisch in der Sonne saßen. Als wäre er der Prinzipal eines Panoptikums menschlichen Elends, führte er uns von einem zum anderen, da und dort auf eine besonders skurrile Figur hinweisend. Zuletzt kamen wir zu einer weißhaarigen Alten, die auf einem zerschlissenen Fauteuil thronte und uns huldvoll die Arme zum Handkuß entgegenstreckte. Wie es hieß, bildete sie sich ein, die letzte Kaiserin zu sein. Thomas war von der grotesken Szenerie ganz fasziniert, sie belustigte ihn und machte ihn zugleich betroffen; er war kaum wegzubringen und schien den Anlaß unseres Ausflugs ganz vergessen zu haben.

Als wir dann endlich nach Goldegg kamen, stiegen die Damen gerade wieder in den Autobus. Am nächsten Tag erschienen sie überraschend in Grafenhof, um sich zu verabschieden, wie sie sagten. Es war wohl ein bißchen Neugierde dabei. Uns war der Besuch nicht sehr angenehm, der sogenannte Tagraum, in den wir sie führten, kam uns auf einmal wie das Sprechzimmer eines Gefängnisses vor. Wie standen wir nun vor dem jungen Mädchen da, das vor Gesundheit nur so strotzte und vermutlich erst jetzt begriff, warum wir in dieser Anstalt waren. Nicht daß wir uns Illusionen gemacht hätten, aber es hat gutgetan, nach langem wieder, wenn auch nur für ein paar Stunden, »draußen« akzeptiert worden zu sein. Die beiden Damen aus Berlin haben wir nie wiedergesehen, und auch Hedwig Stavianicek kam, solange wir in Grafenhof waren, nicht mehr nach St. Veit.

Im Laufe der Monate haben wir noch etliche solche Ausflüge in die Umgebung unternommen, nach St. Johann, Großarl, Dienten und anläßlich eines Besuches meiner Eltern abermals nach Goldegg, wo übrigens das einzige Photo aus jener Zeit entstanden ist, auf dem Thomas und ich, zusammen mit meiner Mutter und dem ukrainischen Doktor, zu sehen sind. Daß man unsere heimlichen Eskapaden nicht bemerkte, war bei dem gut funktionierenden Überwachungssystem eher unwahrscheinlich. Der Portier hatte von seiner Loge aus den Wiesenweg genau im Visier und meldete sofort jeden Verdächtigen den Ärzten, diese wiederum kontrollierten von ihrer Ordination aus die Straße, wenn nötig mit dem Feldstecher. Aber vielleicht war es einfach so, daß man uns, die wir doch etwas aus dem Rahmen gefallen sind, eine gewisse Narrenfreiheit zugestanden und ein Auge zugedrückt hat.

Dies betraf auch unseren ungezwungenen Umgang mit den sogenannten Logendamen, der eine permanente Mißachtung des von den geistlichen Schwestern verfügten Fraternisierungsverbots war. Was immer mit den Damen unternommen wurde, sei es, daß man sich am Teich traf, sei es, daß wir in St. Veit Tischtennis spielen oder nach Schwarzach ins Kino gingen, immer war Thomas mit von der Partie. In seinem Buch ist aber von den heiteren Seiten des Grafenhofer Alltags kein Wort zu lesen. Die Logendamen nennt er abschätzig »die sogenannten Privilegierten«: Sie seien besser gekleidet gewesen, hätten sich um eine bessere Sprache bemüht und mit seinesgleichen ohnedies kaum gesprochen. Vielleicht schämte er sich wegen seiner ärmlichen Kleidung, was aber kaum auffiel, da die Männer alle mehr oder weniger in alten, abgetragenen Nachkriegsklamotten herumliefen, die Damen schauten da naturgemäß mehr auf sich. Ihre offenherzige und völlig unprätentiöse Art muß schließlich auch auf Thomas eine versöhnliche Wirkung gehabt haben, denn ich erinnere mich, daß er bei allen Unternehmungen gern dabei war und seinen Spaß daran hatte. Er war nur immer dann beleidigt, wenn er Alleingänge vermutete, wenn er das Gefühl hatte, daß ihm jemand seinen Alleinanspruch auf meine Freundschaft streitig machte. Das war für mich nichts Neues, ähnliches spielte sich auch ab, wenn ich Besuch hatte, sei es von meiner Verlobten oder von meinen Eltern. Er beruhigte sich erst, wenn er wieder dabei sein konnte.

Die Anstalt verfügte auch über eine Bibliothek von einigen hundert Bänden, Romane zumeist, gängige Ware für eine wenig anspruchsvolle Leserschaft. Ich habe dort nie etwas entlehnt, weil ich erstens von zu Hause mit Lese- und Studierstoff versorgt wurde und zweitens an die Milliarden von Tbc-Bazillen denken mußte, die seit Jahrzehnten zwischen den Buchdeckeln konserviert sein mochten. Dann vererbte eines Tages ein scheidender Mitpatient ausgerechnet mir die Funktion des Bibliothekars. Fortan verbrachte ich jeden Mittwochnachmittag damit, Liebes-, Frauen- und Heimatromane auszugeben. Thomas, der mir wie immer zur Seite stand, durchstöberte unterdessen die in braunes Packpapier eingeschlagenen Bibliotheksbände und förderte, als hätte er einen sechsten Sinn dafür, ein dort nie vermutetes Werk zutage: »Die Dämonen« von Dostojewski. »Ein so dickes Buch hatte ich vorher in meinem Leben nie gelesen«, berichtet er. Von der Ungeheuerlichkeit dieses Werkes sei er wie betäubt gewesen und für lange Zeit unfähig, etwas anderes zu lesen. Als sich aus den Leihgebührgroschen ein gewisser Betrag angesammelt hatte, beriet ich mit Thomas, welche Bücher dafür am besten angeschafft werden könnten, wobei wir in erster Linie an uns selbst dachten. Es gab damals, Anfang der fünfziger Jahre, ja kaum Neuerscheinungen, am ehesten noch Neuauflagen längst vergriffener Werke, und ich erinnere mich an Titel wie »Der Seelenbräu« von Zuckmayer, »Der Bienenroman« von Rendl, »Philomena Ellenhub« von Johannes Freumbichler, aber auch an so Ausgefallenes wie »Der seidene Schuh« von Paul Claudel, der damals gerade im Programm der Salzburger Festspiele stand.

Schon in Grafenhof hat Thomas jede Zeitung, deren er habhaft werden konnte, von A bis Z verschlungen. Diese Angewohnheit entwickelte sich im Lauf seines Lebens zu einer wahren Sucht, es sei gewesen, als litte er an einer »perversen Zeitungsgefräßigkeit«. Sind es später die großen deutschen Blätter gewesen, aus denen er sich über die Welt im allgemeinen sowie über den jeweiligen Stand seines Bekanntheitsgrades im besonderen zu informieren pflegte, so mußte er sich in Grafenhof mit einem von der Anstalt abonnierten Salzburger Lokalblatt begnügen. Jeden Morgen bei der Postausgabe nahm er die Zeitung in Beschlag, bevor sie in andere Hände gelangen konnte. Eines Tages kam es dabei zu einem Vorfall, der ein Schlaglicht auf die prekären familiären Verhältnisse meines Freundes warf. Es war gegen Ende der ersten Liegekur, wie immer saßen wir auf unseren Betten in die Zeitungslektüre vertieft, als Thomas plötzlich aufsprang und wortlos davonrannte. Nach einer Weile kam er sichtlich verstört zurück und fragte mich, ob ich ihm zwanzig Schilling leihen könne, er müsse sofort nach Salzburg, seine Mutter sei gestorben. Thomas war zuletzt Anfang Oktober ein paar Tage auf Urlaub zu Hause gewesen, um seine schwer krebskranke Mutter zu besuchen. Als er sich von ihr verabschiedete, muß er wohl eine Vorahnung gehabt haben, denn welcher junge Mensch liest schon täglich die Rubrik der Todesfälle. Sein Stiefvater war kein Briefschreiber, seine Halbgeschwister noch Kinder, so erfuhr er aus der Zeitung vom Tod seiner Mutter.

Als Thomas nach zwei Tagen zurückkam, erzählte er mir vom Begräbnis in Henndorf, wie er mitten unter den zahlreichen Trauergästen von einem Lachkrampf befallen worden sei, und da er sich beim besten Willen nicht habe beherrschen können, habe er den Friedhof Hals über

Kopf verlassen. Es war dies offenkundig eine nervliche Fehlreaktion, für die er in seinem Buch freilich eine andere Ursache erfindet: Tatsache ist, daß der Name seiner Mutter in der Zeitung falsch wiedergegeben war, aus Herta Fabjan wurde Herta Pabjan. Pabjan, warum nicht gleich Pavian, dachte sich Thomas wohl, und ich kann mir lebhaft vorstellen, wie er sich über diesen trefflichen Einfall amüsierte. Ja, Pavian, Pavian hörte er von allen Seiten immer wieder, während er mit seiner Großmutter hinter dem Sarg ging. Später erzählte er davon, als wäre es die lustigste Sache der Welt gewesen. Lachen und Weinen waren bei ihm austauschbar, und wir haben oft erlebt, daß er über etwas lachte, was eigentlich zum Weinen war.

In Wahrheit hat ihn der Tod seiner Mutter zutiefst getroffen. Sein Verhältnis zu ihr war, wie wir heute wissen, durch die Umstände seiner Geburt in Heerlen belastet, es schwankte auf beiden Seiten zwischen Liebe und Haß. Dabei war ihm die letzte Erkenntnis, nämlich die Frucht einer Vergewaltigung zu sein, erspart geblieben. Wie mag es damals wohl in ihm ausgesehen haben: Krank, ohne ein Zuhause und ohne konkrete Aussicht, wie es nach Grafenhof weitergehen sollte, das war eine Situation, die mehr als tröstender Worte bedurft hätte. Mir hatte damals die monatelange Trennung von meiner ersten Liebe schmerzlich genug zugesetzt. Aber ich hatte meine Arbeit, die Partituren und die Bücher, deren planmäßiges Studium Trübsinn erst gar nicht aufkommen ließ. Alles, was ich für meinen Freund tun konnte, war, ihm mit gutem Beispiel voranzugehen. Doch nach dem, was geschehen war, interessierten ihn die »Lehrstunden« nur mehr wenig. Lieber vergrub er sich in seinen Dostojewski, was ihn aber auch nicht unbedingt heiterer stimmte.

Dazu kam, daß er die Loge, die für Sonderfälle wie ihn, mit dem Pneumoperitoneum, reserviert war, mit dem in jeder Beziehung heruntergekommenen Juristen teilen mußte, mit dem er schon seinerzeit im Zwölferzimmer beisammen gewesen war und den man als unheilbaren Fall ins Parterre abgeschoben hatte. Sein schauerlich röchelndes »Ziehen an seinen zerfressenen Lungenflügeln« peinigte Thomas Tag und Nacht. Als in meinem Zimmer ein Bett frei wurde, setzte ich mich dafür ein, daß man Thomas herauflegte. Wie er schreibt, sei er plötzlich, ohne zu wissen warum, in den zweiten Stock in eines der Südzimmer verlegt worden, von wo man einen weiten Blick in das Hochtal, von dem schwarzen Heukareck bis zu den schneebedeckten Dreitausendern im Westen gehabt habe, eine Perspektive, die ihm bisher nicht bekannt gewesen sei. Wie wenn er aus einer Totenkammer gestiegen wäre, so sei es gewesen, und sein Zustand habe sich von diesem Augenblick an verbessert.

Durch Thomas' Einzug in mein Zimmer steckten wir nun rund um die Uhr wie die Dioskuren beisammen. Das hatte den Vorteil, daß wir uns nicht mehr extra verabreden mußten, aber den Nachteil, daß wir uns gelegentlich auf die Nerven gingen. Wir standen zur gleichen Zeit auf, gingen gemeinsam zu den Mahlzeiten, lagen nun in der Liegehalle Bett an Bett, drehten zusammen unsere Runden, und so ging es fort, bis die Nachtschwester uns Punkt zehn Uhr das Licht abdrehte. Einen nicht geringen Einfluß auf das Zusammenleben hatte auch der dritte Mann im Zimmer. Als Thomas einzog, war dies ein junger, angenehmer Balte, der uns aber leider bereits die Woche darauf verließ. Er verabschiedete sich nach dem Mittagessen, und als wir nach der »Strengen« in unser Zimmer kamen, war die Stockschwester gerade dabei, die Sachen des Neuen einzuräumen. Dieser sollte wohl auf einer Tragbahre folgen, denn es handelte sich um jenen schwerkranken Patienten, der unter dem Künstlernamen »Labero« einst ein bekannter Hypnotiseur und Zauberkünstler gewesen war. Seit Wochen war er in einem der großen

Schlafsäle gelegen, wo er durch seine ununterbrochene Husterei und Spuckerei die anderen Patienten so aufgebracht hatte, daß sie seine Verlegung verlangten. Bei allem Mitgefühl war der Mann, der sicherlich schwer positiv war, für uns keine geringere Zumutung, und Thomas vermutete sofort, daß der ihm nicht freundlich gesinnte Oberarzt dahintersteckte. Dabei sah er mich vorwurfsvoll an, denn schließlich hatte ich ihn ja nicht von dem röchelnden Doktor weggeholt, damit er vom Regen in die Traufe käme. So ging ich zum Oberarzt und erklärte kategorisch, daß wir beide unverzüglich abreisen würden, wenn es bei der Verlegung bliebe. Der Oberarzt redete sich auf einen momentanen Notstand hinaus und darauf, daß man bei Labero ein neues Mittel ausprobieren wolle, was bei dem rückständigen medizinischen Niveau von Grafenhof besonders glaubwürdig war. Ich ließ mich aber nicht umstimmen, und Laberos Sachen wurden wieder abgeholt. Der Oberarzt versuchte daraufhin sein Glück bei einem jungen Kooperator vom Land, der in einem der beiden Einzelzimmer lag, die es im Haus gab, und der überließ nolens volens Labero sein Zimmer und zog zu uns.

Weder Thomas noch ich hatten etwas gegen den geistlichen Stand im allgemeinen, wir unterhielten uns zum Beispiel gerne mit dem Anstaltspfarrer, einem Jesuitenpater, der schwerkrank und ein wirklicher Heiliger war. Doch mit dem Kooperator wollte kein ersprießliches Gespräch aufkommen. Nicht nur, daß er uns spüren ließ, daß wir an seinem Umzug schuld seien, am Abend mißfiel es ihm, daß wir das Licht, nachdem die Schwester es abgedreht hatte, wieder andrehten und weiterlasen, während er sich schon um neun Uhr, nach seinem Abendbrevier, ostentativ zur Seite drehte. Auch mißtraute er unserem freundschaftlichen Zusammenhalten, empfand es gegen sich gerichtet, und wenn wir von musikalischen Ekstasen und

Höhepunkten sprachen, mochte er sich weiß Gott welchen falschen Reim darauf gemacht haben. Dabei war er selbst ein Scheinheiliger, der die meiste Zeit bei den geistlichen Schwestern steckte und uns bei ihnen anschwärzte. Um ihn aus dem Zimmer hinauszuekeln, verfiel Thomas auf die kindischsten Ideen. Das Maß war voll, als er Hochwürden ein ausgeblasenes, mit Wasser gefülltes Ei ins Bett legte und unter der Bettdecke hervorgrinsend zusah, wie dieser, im Begriff sich schlafen zu legen, plötzlich wieder auffuhr und sich verwundert an den nassen Hintern griff. Der Streich tat seine Wirkung, und am nächsten Tag waren wir den Kooperator los.

Ins Zimmer bekamen wir einen jungen Elektriker, der ebenfalls gerne las, freilich vorwiegend Heftchenromane, von denen er einen ganzen Stoß bei sich hatte. Er löste unser Problem mit dem Licht nach zehn Uhr, das auch das seine war, auf geniale Art, indem er an der Tür versteckte Kontakte anbrachte, die bewirkten, daß das Licht ausging, wenn die Nachtschwester hereinschaute. Nur einmal passierte es, daß sie ins Zimmer trat und die Tür hinter sich schloß. Sie wußte wohl nicht, worüber sie sich mehr wundern sollte, über das Licht, das wie durch ein Wunder wieder angegangen war, oder über die drei Musterknaben, die in ihren Betten saßen, als wären sie mit offenen Augen über den Büchern eingeschlafen. Dies nur als Beispiel für die verschiedenen Tricks und Finten, mit denen wir das strenge Reglement ad absurdum führten und einigermaßen erträglich machten.

Seit unserer ersten Begegnung am Gangfenster war über ein Jahr vergangen. Die drei Wochen vom Vorjahr mitgerechnet, lebten wir jetzt gut vier Monate unter demselben Dach, zuletzt auch in denselben vier Wänden. In dieser Zeit hatte sich aus der anfänglichen Ungleichheit unserer Beziehung eine Kameradschaft und schließlich eine Freundschaft entwickelt, die nicht nur auf gemeinsamen Interessen, sondern auch auf einer Gleichgestimmtheit basierte. So hat es zwischen uns eigentlich nie ernste Meinungsverschiedenheiten gegeben, wir waren wohl zu jung, um bereits in Positionen festgefahren zu sein, die wir hätten verteidigen müssen. Doch für jede Freundschaft kommt einmal der Moment, in dem sich erweist, ob sie diesen Namen überhaupt verdient. In unserer Isolation lebten wir wie unter einem Glassturz, der uns vom Leben draußen abschirmte, es fehlte an Herausforderungen, an denen sich diese Freundschaft hätte bewähren können. Wir hatten uns so sehr aneinander gewöhnt, waren uns des gegenseitigen Vertrauens so sicher, daß wir glaubten, gegen alles gefeit zu sein. Doch als es dann völlig unerwartet darauf ankam, hätte unsere Freundschaft beinahe ihre erste Bewährungsprobe nicht bestanden. Dies war besonders betrüblich, da der Anlaß wirklich lächerlich war.

Schon seit längerem, genauer gesagt seit Thomas auch in der Liegehalle seinen Platz neben mir hatte, war mir aufgefallen, daß er, wenn er gerade nicht las, damit beschäftigt war, irgend etwas zu Papier zu bringen. Er hatte dazu seinen Zauberflötenauszug wie ein improvisiertes Schreibpult auf den angezogenen Beinen liegen, so wie er es bei mir gesehen hatte, wenn ich an meinen Partituren und Instrumentationen arbeitete. Oft habe er mich dabei verstohlen von der Seite her beobachtet, wie ich zu seiner Belustigung »in Dirigentenmanier den Takt dazu geschlagen« habe. Auch ich sah ihm oft aus den Augenwinkeln zu und machte mir so meine Gedanken, was er wohl unentwegt schreiben mochte. Briefe konnten es nicht sein, da Thomas, wie ich wußte, ja nie Post bekam. Auch deutete der immer wieder durch längere Nachdenkpausen unterbrochene Schreibfluß auf eine Produktion der besonderen Art. Oft war ich nahe daran, Thomas einfach zu fragen, unterließ es aber dann doch, als gälte es, einen letzten Rest von Privatsphäre zu respektieren. Sobald ein Blatt, oft nur mit wenigen kurzen Zeilen, beschrieben war, legte es Thomas so vorsichtig in seinen Klavierauszug, daß niemand einen Blick darauf werfen konnte. Jedesmal, wenn er die Liegehalle verließ, verwahrte er diesen unter seinem Kopfpolster.

Einmal kamen wir von der Jause zurück und wollten wieder an unsere Arbeit gehen, doch Thomas fand den Platz unter dem Kopfpolster leer, der Zauberflötenauszug war verschwunden. Sofort wandte er sich mir zu, sagte aber nicht etwa: »Du, stell dir vor, jemand hat mir den Auszug genommen«, sondern fragte in einem inquisitorischen, jede andere Möglichkeit ausschließenden Ton: »Hast DU den Auszug?« »Nein, wie sollte ich«, antwortete ich ruhig und arglos, doch schon hatte Thomas unter meinen Kopfpolster gegriffen und triumphierend seinen Auszug hervorgezogen. Vernichtend blickte er mich an und verließ wortlos und mit einer Miene, die nichts Gutes verhieß, die Liegehalle. Mir war sofort klar, daß sich da jemand einen gemeinen Scherz erlaubt hatte, der uns beide gleichermaßen treffen sollte, und es konnte nur jemand gewesen sein, der mit unseren Gewohnheiten vertraut war. Doch im Moment gab es Wichtigeres zu klären.

Ich machte mich auf die Suche nach Thomas und fand ihn schließlich in unserem Zimmer. Sprachlos stand ich auf der Schwelle und traute meinen Augen nicht: Meine Bettstatt war total abgeräumt, die Matratzen in die Ecke geschleudert, und als ich eintrat war Thomas gerade dabei, mein Bettzeug zum Fenster hinauszuwerfen; die Polster landeten am Mansardenvordach. Dann riß er noch meine Nachtkasterlschublade heraus und verstreute den Inhalt, vom Rasierzeug bis zu den Hustenzuckerln, auf dem Boden. Ich wunderte mich über meine Selbstbeherrschung, denn eigentlich neige ich zum Jähzorn. Doch es war gut, daß ich ruhig blieb. Hätte ich mich ebenfalls aufgeregt, wie leicht hätte es zum irreparablen Bruch kommen können. So aber schaute ich wortlos zu, bis Thomas sich ausgetobt hatte, dann ging ich, ohne ihn eines Blickes zu würdigen, daran, alles wieder aufzuräumen bis auf das Leintuch, das wie eine Fahne von der Dachrinne hing und vom Portier heruntergeholt werden mußte. Als Thomas sah, daß ich nicht daran dachte, mich aufzuregen, wurde er unsicher, und seine Berserkerwut legte sich. In aller Ruhe versuchte ich, ihn zu überzeugen, daß er mich zu Unrecht verdächtigt hatte, und hielt ihm den eklatanten Mangel an Vertrauen vor. Dies, und nicht die angerichtete Verwüstung, sei die betrüblichste Erfahrung für mich gewesen, daß er mich so wenig kenne und so blind in eine offensichtliche Falle gegangen sei, das könne ich ihm nicht so ohne weiteres verzeihen und so weiter. Eine kleine Predigt war ich mir schuldig. Thomas schien zwar etwas zerknirscht, doch er brachte es nicht über sich, sich zu entschuldigen. Dies war der Moment, ihm die Frage zu stellen, welches Geheimnis er in seinem Zauberflötenauszug eigentlich hütete, und ich gab nicht nach, bis er gestand, was ich ohnedies längst vermutet hatte: Es seien Gedichte, meinte er verlegen und unsicher, wie ich darauf reagieren würde. Doch dann rückte er, sozusagen als Geste der Versöhnung, mit seinem Schatz heraus und gab mir Blatt um Blatt zu lesen.

Was ich zu Gesicht bekam, waren gereimte Vierzeiler mit Titeln wie »Der Abend« oder »Der Rosengarten«, Bilder aus der Natur zumeist, die durchaus, wie ich sofort erkannte, einen musikalischen Farbtupfer vertrugen, und Thomas war glücklich, als ich ihn bat, mir das eine oder andere Gedicht zur Vertonung zu überlassen. Drei davon habe ich dann später in Musik gesetzt, und ich kann sagen, daß diese drei Lieder die inspiriertesten Produkte meiner ansonsten ja nur sehr sporadisch ausgeübten Kompositionstätigkeit geworden sind.

Letztlich hat sich also alles zum Guten gewendet. Thomas war sichtlich erleichtert, aus seiner Dichterei fortan kein Geheimnis mehr machen zu müssen, vielleicht hatte er auch das Gefühl, damit dem so heiß ersehnten Künstlertum wieder einen Schritt näher gekommen zu sein, mir gegenüber »aufgeholt« zu haben. Wer weiß, was sich im Lauf unseres Beisammenseins im Widerstreit zwischen Wollen und Können, zwischen Anspruch und Entsprechung an Frustration angesammelt haben mochte. Vielleicht hatte er die Rolle des Scholaren einfach satt, das wäre immerhin eine Erklärung für den sonst unerklärlichen Wutanfall, der so gar nicht in das Bild paßte, das ich mir von meinem Freund gemacht hatte. Aus dem stillen, fügsamen, wenn zuweilen auch launenhaften und kindischen Burschen war plötzlich ein zorniger junger Mann geworden, der als ebenbürtiger Partner respektiert werden wollte.

Ein anderes Beispiel zeigt ebenfalls, wie mißtrauisch Thomas im Grunde war und wie schnell er bereit sein konnte, Anschuldigungen Glauben zu schenken. Bernhards neunzehnjährige Cousine Ilse, Tochter des Schneidermeisters Hermann Bernhard, war in diesem Herbst ebenfalls für drei Monate in Grafenhof eingewiesen worden. Thomas hatte dort nur flüchtigen Kontakt mit ihr, da jedesmal, wenn sie einander im Haus begegneten und ein paar Worte wechselten, eine Schwester dazwischenfuhr und sie auseinandertrieb. Als leichter Fall war die Cousine im Nebengebäude jenseits der kleinen Parkanlage untergebracht, wo auch die Angestellten, so eine unserer Serviererinnen, ihre Zimmer hatten. Die nicht mehr ganz junge Person hatte ein Verhältnis mit einem Patienten, einem üblen Burschen, der schon im Gefängnis gewesen sein soll und der Nacht für Nacht bei ihr im Parterre einstieg, was von Bernhards Cousine beobachtet wurde. Nun hatte der Mann ungefähr mein Alter, meine Statur und ebenso gewelltes blondes Haar, eine Verwechslung wäre im Dunkeln durchaus möglich gewesen. Tatsächlich kam die Cousine eines Tages aufgeregt zu Thomas und machte ihm heftige Vorhaltungen, wie er nur »mit so einem« Umgang pflegen könne. Dies waren genau die Worte, mit denen Thomas die Beschuldigung an mich weitergab, unreflektiert und gegen besseres Wissen, dazu noch mit einer gewissen Süffisanz, mich endlich bei etwas Unrechtem erwischt zu haben. Als dann kurz darauf der fensterlnde Romeo in flagranti erwischt und stante pede hinausgeworfen wurde, schien Thomas direkt enttäuscht zu sein, daß ich mit der Sache wirklich nichts zu tun hatte. Sein Verhalten verstimmte mich, heute denke ich, daß ich sein komödiantisches Verstellungstalent, seine doppelbödige Schalkhaftigkeit noch nicht durchschaut hatte, so überzeugend hatte er den Entrüsteten gespielt.

Inzwischen war es Spätherbst geworden, auf den Bergen ringsum lag schon der erste Schnee, und bald darauf brach der Winter in St. Veit herein. Jetzt erfuhren wir, was es heißt, auch bei Minusgraden draußen zu liegen und zu spüren, wie der eigene Atem unter der Nase zu Eiskristallen friert. Thomas hatte schon einen Winter in Grafenhof erlebt, und er war es, der mir nun zeigte, wie man sich am besten in mehrere Schichten von Decken einschlägt. Erst wenn die Temperatur unter minus zehn Grad fiel, wurde es dem Patienten freigestellt, die Liegekur im Zimmer, bei offenem Fenster natürlich, zu absolvieren. Doch es war Ehrensache, so lange wie möglich draußen auszuharren, denn es hieß, daß die Wirkung eines einzigen Wintermonats der eines ganzen Sommers gleichkomme.

Seit die Tage kürzer geworden waren, gab es auch keinen Abendspaziergang mehr. Bei unseren Treffen mit den Damen mußten wir wieder mit dem Schuhkammerl Vorlieb nehmen, wo natürlich keine richtige Plauderstimmung aufkommen konnte. Die Situation war entwürdigend und spitzte sich zu, als die Feiertage im Dezember kamen. Es gab zwar eine offizielle Nikolofeier, bei der sich Frauen und Männer für eine Stunde unter Aufsicht zusammensetzen durften, die Logendamen hatten aber ihr eigenes Krampuskränzchen arrangiert und uns dazu eingeladen. Um sich von vornherein Schwierigkeiten zu ersparen, hatten sie sogar den Primar um Erlaubnis gebeten, aber eine glatte Abfuhr bekommen. Die Damen waren empört. Sie spielten sogar mit dem Gedanken, ihre Mitwirkung bei der musikalischen Umrahmung der Feste aufzukündigen. Das war nun keine leere Drohung, denn sie waren meine Hauptstützen im Chor, den ich auf Wunsch des Primars zusammengestellt hatte.

Der erste Feiertag, Mariä Empfängnis, stand vor der Tür, und da keine geeigneten Noten vorhanden waren, schrieb ich in aller Eile auf den Text »Maria durch den Dornwald ging« eine Motette für Frauenchor und einem durchgehenden Baßsolo, das natürlich Thomas zugedacht war. Er hatte schon öfter im Chor mitgesungen, nicht weil er katholisch war, sondern weil die Musik seine einzige Leidenschaft sei, wie er nie zu betonen vergaß. An diesem 8. Dezember war Thomas mit seinem Solo der Mittelpunkt. Als er seinen profunden Baß mit der Inbrunst des Dilettanten durch die Kapelle tönen ließ, wandten sich die Köpfe erstaunt um. Ein paar Takte Musik waren in dieser Welt von Siechtum und Verfall zu einem kleinen Ereignis geworden. Auch bei denen, die nicht in der Messe waren, sprach es sich herum, und wir mußten das Stück am Sonntag darauf wiederholen.

Ich glaube, für Thomas war dieser Advent die unbeschwerteste Zeit seines Grafenhofer Aufenthalts. Bei der sogenannten Verlängerungsuntersuchung hatte man ihm nur mehr einen Monat verordnet, ein sicheres Zeichen, daß er danach endgültig entlassen würde. Er selbst sei es gewesen, der seine Entlassung kategorisch verlangt habe, so seine Version im Buch, doch war es wohl so, daß die

Ärzte den kritischen, unbequemen Patienten nur allzugerne ziehen ließen. Wie auch immer, da er von der Medizin nichts mehr zu erwarten gehabt habe, sei er innerlich mit der Krankheit und Grafenhof fertig gewesen. »Ich mußte verschwinden, um nicht in dieser perversen medizinischen Unheilsmühle endgültig und also für immer zermalmt zu werden. *Weg von den Ärzten, fort aus Grafenhof!*« Er wußte, daß er nur aus eigener Kraft gesund werden konnte, und illustrierte dies mit der Geschichte von einem Rodelschlitten, den er sich im Dorf besorgt und tagsüber hinter einem Baum versteckt habe und mit dem er in der Nacht durch Hohlwege hinunter in die Schwarzacher Tiefe gejagt sei. Abgesehen davon, daß es kaum möglich war, in der Nacht aus dem Haus zu gelangen, es sei denn als Fassadenkletterer, hätte Thomas ein solch gewagtes Unternehmen kaum vor mir verheimlichen können.

Die Rodelgeschichte scheint mir aber noch aus einem anderen Grund bemerkenswert, sie hat nämlich in Thomas Manns »Zauberberg« eine frappante, dort allerdings weitschweifig ausgeführte Parallele. Auch Hans Castorp kauft sich ein Paar »Schneeschuhe, samt den dazugehörigen Stäben mit Eisenspitzen und Radscheibe«, Schier mit Stöcken also, die er im Dorf beim Krämer einstellt und mit denen er sich an einem Nachmittag, die Liegekur schwänzend, in die »tödlich lautlose Winterwildnis« begibt, was beinahe ein böses Ende genommen hätte. Es wäre interessant zu wissen, ob Bernhard den »Zauberberg« damals – oder überhaupt – gekannt hat. Zwar haben wir oft die Bücher, die wir gerade lasen, ausgetauscht, aber seit seinem Dostojewski-Erlebnis war Thomas in puncto Lektüre wählerisch geworden. So hat er mir Franz Werfels großartiges Armenien-Epos »Die vierzig Tage des Musa Dagh« nur kurz angelesen wieder zurückgegeben, das Buch sei ihm zu schwer zum Halten gewesen. Gelegentlich haben wir einander mit Büchern beschenkt, so zum bevorstehenden Weihnachtsfest. Thomas hatte sich schon lange Gedichte von Weinheber gewünscht, und ich bekam von ihm einen Roman seines Großvaters: »Jodok Fink«. Eine besondere Zugabe aber war ein Gedicht aus seiner Feder mit dem Titel »Weihnachtsabend 1951« und der vielsagenden Widmung »Dem Komponisten von drei ganz kleinen Naturgedichten (wie er sie nennt) und ehrbaren Philosophen«. Wenn diese Beförderung vom Musiker zum Philosophen auch nicht so ernst gemeint war, so zeigt sie doch, wie weit es mit mir in den Heilstättenmonaten gekommen sein muß.

Am Heiligen Abend gab es eine offizielle Weihnachtsfeier, bei der von Weihnacht und Feier freilich nur wenig zu spüren war. Der Primar befand sich auf Urlaub, die anderen Ärzte feierten mit ihren Familien, so fand sich niemand, der an die gerade an diesem Tag trostbedürftige Patientenschaft ein paar aufmunternde Worte gerichtet hätte. Nur das Abendessen war eine Spur reichhaltiger als sonst: Es gab Schweinsbraten statt des obligaten Rindfleisches, nachher noch Lebkuchen zu einem Tee, der leicht nach Punsch schmeckte. Thomas und ich verließen bald die laut gewordene Versammlung und begaben uns mit kleinen Mitbringseln zu den Damen, die schon auf uns warteten. Auch die diensthabende Schwester bekam etwas Süßes zugesteckt, woraufhin sie sich diskret zurückzog und für den Rest des Abends nicht mehr blicken ließ. Die Damen hatten sich bemüht, mit ein wenig Tannengrün und ein paar Kerzen einen Hauch von familiärer Festlichkeit herbeizuzaubern. Thomas, wie immer knapp bei Kassa, hatte einfach ein paar seiner Gedichte mitgebracht, die er dann im geeigneten Moment vorlas. Sicherlich hat die für alles Poetische offene Stimmung dieses Abends dazu beigetragen, daß Bernhards erste Dichterlesung viel Zustimmung und Beifall gefunden hat. Um Mitternacht gingen wir dann zur Christmette. Meinem kleinen, zuweilen asthmatisch wie ein löchriger Blasebalg klingenden Chor, von dem die wenigsten ordentlich Noten lesen konnten, habe ich einige mehrstimmige Stücke abgerungen, die den Rahmen für Bach-Arien und Lieder bildeten, die von Thomas wieder sehr wirkungsvoll gesungen wurden.

Das Jahr ging nun seinem Ende entgegen. Abschiedsstimmung breitete sich allenthalben aus, da auch einige Patienten, mit denen wir monatelang beisammen gewesen waren, nach Hause gingen, so auch die unternehmungslustigste unserer Damen. Sie fuhr direkt von Grafenhof nach St. Anton am Arlberg zum Schifahren, was freilich nur wir wissen durften. Zu Sylvester ging es in Loge 16 bei allerlei Gesellschaftsspielen wie Kartenaufschlagen, Tischerlrücken und Bleigießen noch einmal recht lustig zu, allzu lustig, wie sich am nächsten Tag herausstellte. Thomas und ich wurden zum Primar bestellt, offenbar waren wir denunziert worden. Dem Primar war es sichtlich unangenehm, uns die Leviten lesen zu müssen, doch irgendwie mußte er sein Gesicht wahren. Er ließ es aber mit einem väterlich ermahnenden »Aber meine Herren, was haben's denn schon wieder angestellt« bewenden. Thomas konnte dies nicht mehr beeindrucken, da seine Tage in der Isolation bereits gezählt waren.

Das neue Jahr hatte sich mit prächtigem Winterwetter eingestellt. Ein tiefblauer Himmel wölbte sich über der verschneiten Gebirgslandschaft, und unwillkürlich mußte ich an Arosa denken, wo, genau fünf Jahre war es jetzt her, alles begonnen hatte. Die Tage zu zweit wurden uns auf einmal kostbar. Wie würde es weitergehen, mit mir hier, mit ihm draußen? Wir haben uns nie die Frage nach dem, was danach kommt, gestellt, haben nie über unsere Erwartungen, Pläne gesprochen. Wir dachten bestenfalls an den Tag X, den ungewissen Tag der Entlassung. Nun hatte es mein Freund vor mir geschafft, und ich blieb zurück.

Noch einmal wanderten wir auf den vertrauten Wegen durch den Lärchenwald, zur St. Johanner Höhe und zuletzt nach St. Veit, wo sich Thomas von Anna Janka verabschiedete und dann in der Kirche noch einmal seine Lieblingsstücke sang. So kam der 11. Jänner, der Tag seiner Abreise. Wegen des vielen Schnees konnte der Autobus nicht bis zur Heilstätte herauffahren. Thomas schulterte seinen Seesack und machte sich zu Fuß auf den Weg ins Dorf. Wie es Brauch war, wenn ein Patient abreiste, winkten die Zurückgebliebenen mit ihren weißen Polstern, die Herren aus dem zweiten Stock, die Damen aus ihren Logen, während ich Thomas noch bis zum Grenzzaun begleitete. »Schau, daß du auch bald hinauskommst, ich warte auf dich«, sagte er noch und stapfte dann, ohne sich noch einmal umzusehen, mit schnellen, ausgreifenden Schritten durchs »Niemandsland« davon.

Ich war noch weitere sechs Monate in Grafenhof, habe also insgesamt über ein Jahr dort verbracht. Nach den Begriffen der Gesunden draußen war dies eine sehr lange Zeit, doch es war keine gänzlich verlorene. Gewiß, was den Beruf im engeren Sinn betraf, war ich zweifellos arg zurückgeworfen. Andererseits hatte ich manches gewonnen, neue Einsichten, zu denen ich sonst wohl nicht so schnell gekommen wäre. Die Gewichte, die unser Leben austarieren, hatten sich unversehens verschoben: Was früher wichtig schien, war unwichtig geworden; es würde nichts mehr so sein, wie es vorher einmal gewesen ist.

# III
# Danach

Gersberg-Alm bei Salzburg. Thomas Bernhard, Tatjana Walter, Martha Jung und Rudolf Brändle.

Die Zeit macht aus ihren Zeugen immer Vergessende.

Thomas Bernhard, Die Ursache

Normalerweise enden sogenannte Kurfreundschaften, sobald die Kur ihre Wirkung getan hat und das normale Leben wieder beginnt. Vielleicht wäre es in unserem Fall auch so gewesen, wären wir etwa zur gleichen Zeit entlassen worden. So aber hielt ich in Grafenhof die Stellung und mußte immer wieder an meinen Freund denken, dessen Abreise eine empfindliche Leere hinterlassen hatte. Thomas dürfte es ähnlich ergangen sein, seine Gedanken kreisten immer wieder um St. Veit, wenn er mir in Briefen über seine Pläne und Vorhaben berichtete.

Die freundliche Zustimmung, die Thomas bei seiner Lesung am Weihnachtsabend gefunden hatte, muß eine recht produktive Phase ausgelöst haben, denn bald hatte er, wie er berichtete, einen ganzen Stoß von Gedichten in der Schublade, darunter einen Zyklus, den er noch in Grafenhof begonnen und deshalb mir gewidmet hatte und den er beim Sender Salzburg einreichen wollte. Darüber hinaus plante er eine öffentliche Lesung, zu der er sich eine musikalische Umrahmung wünschte. Er dachte dabei an meine Cembalo spielende Schwester, die er einmal kurz kennengelernt hatte, und er bat mich, mit ihr zu sprechen. Es waren zwei Teile vorgesehen, ein heiterer, was immer Bernhard darunter verstand, und ein ernster, doch da die beiden sich nicht über die Reihenfolge einig wurden – Thomas wollte mit dem ernsten, meine Schwester aufgrund ihrer Erfahrung mit dem heiteren schließen –, zerschlug sich schließlich das Projekt. Erst nachdem ich Anfang Juni 1951 ebenfalls nach Salzburg zurückgekehrt war, konnte eine Lesung in einem kleinen privaten Kreis bei einer an moderner Poesie interessierten Lehrerin arrangiert werden. Sie hatte noch einen zweiten Dichter eingeladen, was aber von Thomas nicht sehr goutiert wurde. Der unerwünschte Konkurrent, ein etwas wirrer Geist, machte übrigens bald darauf Schlagzeilen, aber nicht als Dichter, sondern weil er jemanden im Affekt umgebracht hatte. Vielleicht hatte Thomas diesen Vorfall im Sinn, als er einmal sagte, daß er möglicherweise auch zum Mörder geworden wäre, wenn er sich nicht alles von der Seele hätte schreiben können.

Was er damals schrieb, waren zunächst Gedichte, die in Tageszeitungen oder als Zyklen in Anthologien erschienen sind. Ich erinnere mich, daß er damals nach einem Pseudonym suchte und mich fragte, wie ich »Niklas von Heerlen« fände. Das war die Zeit, in der er sich mit seinem Geburtsland zu beschäftigen begann. »Netherlands« war der Titel eines unvollendeten Gedichts, dessen erste Strophe lautete: »O Heerlen, nie geschaute Stadt / in der vor zwanzig Jahren / ein Leben diese Welt betrat, / voll Lust, es zu befahren.« Bald aber unternahm er, von verschiedener Seite dazu ermuntert, erste Prosaversuche in Form von Erzählungen, Berichten aus bestimmten Anlässen, ohne daß er selbst schon hätte sagen können, worin seine Stärke einmal liegen würde, in der Lyrik oder in der Prosa, vom Theaterstück ganz zu schweigen.

Noch hatte sich für ihn nicht einmal die Frage entschieden: Prima la musica, poi le parole – oder umgekehrt? Er hatte seine Idee, Sänger zu werden, keineswegs aufgegeben und nahm wieder Gesangstunden bei seiner alten Lehrerin Maria Keldorfer, die einst eine gefeierte Sängerin, unter anderem die Sophie der Dresdner Uraufführung des »Rosenkavalier«, gewesen war. Ihr Mann, der Musikwissenschaftler Werner, vermittelte Thomas die Grundbegriffe der Musiktheorie. Dieses betagte, aber geistig quicklebendige, einander wie Philemon und Baucis zugetane Ehepaar wohnte in einem jahrhundertealten Bürgerhaus, das wie durch ein Wunder den Bombenkrieg unversehrt überstanden hatte. Ich glaube, was Thomas dorthin zog, war außer dem Unterricht das Spitzwegmilieu dieser Künstlerwohnung mit den niedrigen Stuckdecken, den Spitzenvorhängen vor den Sprossenfenstern, den kostbaren Vitrinen mit Meißner Porzellan. Hier fand er so etwas wie ein Ersatz-Zuhause, wie es zuvor Anna Jankas Kemenate gewesen war und wie es später auch unsere Wohnung geworden ist.

Thomas kam oft und gern zu uns in die Schrannengasse, vielleicht war es auch die unmittelbare Nachbarschaft zum Johanneum, die in ihm alte, wenn auch zwiespältige Heimatgefühle geweckt haben mochte. In unserem großen Musikzimmer sang er sich durch sein Standardrepertoire von mehr oder weniger denselben Arien. Meiner Verlobten zuliebe lernte er ein paar Duette wie »Die Welt so groß« aus der »Schöpfung« oder »Nur hurtig fort und frisch gegraben« aus dem »Fidelio«, mit denen die beiden auch in anderen Hausmusikkreisen gastierten. Oft, wenn wir aus der Stadt oder von einem Ausflug zurückkamen und gerade Essenszeit war, kam Thomas noch auf einen Sprung, wie er sagte, hinauf, weil er wußte, daß für ihn ohne Umstände ein Gedeck aufgelegt würde, und meine Mutter freute sich, wenn sie sah, mit welchem Appetit er zugriff. Wir, die wir an regelmäßige Mahlzeiten gewöhnt waren, konnten uns nur schwer vorstellen, was solch gelegentlicher Mittagstisch für Thomas bedeutete. Er selbst hat es nicht vergessen, denn viele Jahre später sagte er einmal, auf seinen jungen Schriftstellerruhm anspielend, dem er noch immer irgendwie zu mißtrauen schien: »Ich weiß, wenn es mit meiner Schreiberei einmal nichts mehr sein sollte, bei euch bekomm' ich immer ein warmes Supperl.« Dieses bei uns sprichwörtlich gewordene Supperl war wohl als Synonym für ein Umsorgtsein zu verstehen, das Bernhard eigentlich sein Leben lang entbehren mußte und das er immer wieder bei befreundeten Familien gesucht hat.

Rückblickend wird mir klar, wie wenig ich die damaligen Lebensumstände meines Freundes kannte. Alles, was ich wußte, war, daß er bei seinem Stiefvater in der Radetzkystraße, beim Aiglhof, wohnte. Von der Existenz seiner Geschwister erfuhr ich eher zufällig, als ich ihn einmal von dort abholte. Vor dem Haus spielten zwei Kinder, ein blonder, etwa zwölfjähriger Bub und ein jüngeres Mädchen, das seien Peter und Susanne, seine Halbgeschwister, erklärte Thomas. In die Wohnung bat er mich nicht, es wird wohl seine Gründe gehabt haben.

Es war schon ein halbes Jahr her, daß er aus Grafenhof entlassen worden war, und noch immer ging er weder einem ordentlichen Studium noch einer geregelten Beschäftigung nach. Er schien plan- und ziellos in den Tag hinein zu leben. In Wirklichkeit aber befand er sich in einem Zustand zwischen Resignation und Herankommenlassen, was er rückblickend, am Ende seiner Grafenhof-Erzählung, mit der Feststellung entschuldigen wird, daß er damals so viele Fähigkeiten besessen habe, nur eine einzige nicht: einer geregelten Arbeit nachzugehen. Allein der Gedanke, zu arbeiten, um Geld zu verdienen, habe ihn angewidert. Beruf konnte für ihn nur Berufung sein: zur Musik oder zur Dichtung. Eines Tages würde sich alles von selbst entscheiden, meinte er, wie es ja dann auch tatsächlich geschehen ist. Es wäre eine unerträgliche Situation gewesen, hätte er nicht so fest an sich und seine Bestimmung geglaubt. Nur so kann ich mir die Sorglosigkeit und heitere Gelassenheit erklären, die Thomas damals, zumindest in meiner Gegenwart, an den Tag legte. Nie hat er auch nur mit einem Wort seine in jedem Sinn beengten häuslichen Verhältnisse erwähnt, geschweige denn sich darüber beklagt. Daß er nie einen Heller in der Tasche hatte, wußte ich, seit ich ihm das Geld für die Fahrt zum Begräbnis seiner Mutter hatte leihen müssen. Meine Lage war vergleichsweise gut, aber eben auch nicht die beste. Auch ich war ja nach der Rückkehr von der Heilstätte ohne jeglichen Verdienst, hatte aber meine Eltern und noch einige ersparte Franken aus der Zeit in Arosa, im übrigen arbeitete ich zielstrebig an einem möglichst raschen beruflichen Wiedereinstieg.

In Grafenhof waren wir rund um die Uhr zusammengespannt gewesen, jetzt trafen wir uns nur dann, wenn wir Lust dazu hatten, was unser Beisammensein spürbar harmonischer machte. Vielleicht hat dazu auch beigetragen, daß ich es endgültig aufgegeben hatte, Thomas etwas beibringen zu wollen. Doch die Musik kam auch so nicht zu kurz. Als die Festspiele begannen, setzte sich Thomas wieder auf die Mönchsbergstiege, wo man die Aufführungen in der Felsenreitschule wenigstens akustisch genießen konnte. Einmal nahm ich ihn in die Generalprobe von »Wozzeck« mit, der die Sensation des Festspielsommers 1951 war, und ich erinnere mich, daß Thomas mehr von Büchner als von Alban Berg beeindruckt war, dessen Musik für sein auf Bach und Mozart eingestelltes Ohr befremdlich klang, was allerdings auf die Mehrzahl des Salzburger Publikums zutraf. Viele Stunden und manchen Tag haben wir in dieser Zeit gemeinsam verbracht, und das Kürzel Th. B. findet sich ab nun laufend in meinen Taschenkalendern. Manches längst Vergessenes läßt sich so ins Gedächtnis zurückrufen: Spaziergänge über den Mönchsberg, auf den Kapuzinerberg, Radausflüge in die Umgebung, nach Henndorf etwa, wo Thomas mir das Geburtshaus seines Großvaters und die ehemals Zuckmayersche Wiesmühl zeigte und wir dann im Bräuhaus zu einer Jause einkehrten. An solch für ihn bedeutsamen Orten taute er merklich auf, kam ins Erzählen, und ich erfuhr nach und nach, wie so manches zusammenhing. Ein andermal fuhren wir nach St. Veit, um Anna Janka zu besuchen, wobei wir, um Geld zu sparen, nur eine Fahrkarte lösten, die wir uns gegenseitig zusteckten, wenn der Schaffner kam.

So verging dieses Jahr wie eine ins Blaue hinein verlängerte Ferienzeit. Wir genossen sie ohne allzu schlechtes Gewissen, weil wir wußten, daß uns der sogenannte Ernst des Lebens früher oder später schon einholen würde. Um nicht bis zum Saisonbeginn im Herbst untätig warten zu müssen, ging ich Anfang 1952 als unbezahlter Volontärkapellmeister ans Landestheater. Das war nicht unbedingt ein Wunschziel, wenn man von der weiten Welt träumt, aber ich wollte endlich irgendwo Fuß fassen. Mit einer Ambition und einer Einsatzfreude, wie sie nur lang aufgestauter Tatendrang auszulösen vermag, verstand ich es, mich in kürzester Zeit unersetzlich zu machen, so daß man mir zu Beginn der neuen Spielzeit einen sogenannten Externistenvertrag gab, der zwar miserabel bezahlt und außerdem von einem auf den anderen Monat kündbar war, der mir aber die Chance bot, mir das Handwerk der Theaterkapellmeisterei von Grund auf anzueignen. Von der ersten Morgenprobe bis zum Fallen des Vorhangs am Abend war ich nun zur Stelle, immer parat, in die Tasten zu greifen oder den Taktstock zu schwingen, und wenn eine Balletteinlage oder Schauspielmusik gebraucht wurde, komponierte ich in der Nacht, was dann wenigstens die Butter auf das karge Gagenbrot brachte.

In den dreieinhalb Jahren, die ich am Makartplatz zugebracht habe, war naturgemäß alles andere zu kurz gekommen, das Privatleben, die Freundschaft. Thomas sah ich jetzt nur mehr, wenn wir uns irgendwo über den Weg liefen. Auch er hatte mittlerweile eine Beschäftigung gefunden. Auf Empfehlung von Zuckmayer, wobei seine Großmutter Freumbichler vermittelnd im Spiel gewesen war, kam er als freier Mitarbeiter zum »Demokratischen Volksblatt«, für das er zunächst aus dem Gerichtssaal berichten sollte. Thomas hat mich hie und da zu besonders interessanten Verhandlungen mitgenommen, einmal auch zu einer Kinopremiere, ich weiß sogar noch den Filmtitel: »Mädels ahoi«. Er hat ja nach und nach auch andere Ressorts bedient: das Lokale, Theater, Ausstellungen, Lesungen, nicht aber den Sport. Der Tagesjournalismus war eine harte, aber effektive Schule des Schreibens, Ermahnungen und Korrekturen von seiten der Chefredaktion blieben ihm nicht erspart, wenn er allzu eigenwillig im Ausdruck oder in der Grammatik war oder sich allzu phantasievoll von der Wahrheit entfernte. Das fixe Zeilenhonorar und das erhebende Gefühl, das, was er schrieb, am nächsten Morgen gedruckt zu sehen, hat meinem Freund damals enormen Auftrieb gegeben, der sich in einer Unzahl von Artikeln niederschlug. Zunehmende Schreibroutine machte ihm seine Macht bewußt und verführte ihn zu manch polemisch überspitzter Attacke. So hatte eine vernichtende Kritik am Spielplan des Landestheaters zur Folge, daß der Intendant Bernhard vor den Richter brachte. Soviel ich weiß, war das die erste gerichtliche Klage, die sich Bernhard, damals noch aus einer gewissen naiven Selbstgerechtigkeit heraus, zugezogen hat. Ich werde den leisen Verdacht nicht los, daß jene Kritik in einem ursächlichen Zusammenhang mit Bernhards erfolglosem Vorsingen ein Jahr zuvor an eben diesem Theater steht.

So ein Vorsingen ist kein Vergnügen. Der Kandidat steht allein auf der Bühne, starrt, von Scheinwerfern geblendet, in ein schwarzes Loch, wo jene sitzen, die über Sein und Nichtsein entscheiden. Normalerweise tut man sich das nur an, wenn man eine reale Chance sieht, engagiert zu werden. Ich weiß nicht, wer Thomas dazu überredet hat, ich war jedenfalls ahnungslos, als er eines Tages, es war der 17. August 1954, mit seinem Arienalbum unterm Arm im Landestheater erschien, um allen Ernstes vorzusingen. Er schaute verdutzt, als ihm der Korrepetitor die Noten wegnahm. »Was mach' ich jetzt, wenn ich steckenbleib'?« fragte er mich. »Du wirst schon nicht steckenbleiben«, sagte ich, »du hast den Osmin und den Sarastro hundertmal gesungen, aber wenn es dich beruhigt, kann ich dir ja soufflieren.« Ich zeigte ihm noch die von der Akustik her angeblich »beste Stelle«, ein alter Beruhigungstip, und schlüpfte in den Souffleurkasten. Er begann also mit »Wer ein Mädchen hat gefunden« aus der »Entführung«, und schon nach ein paar Takten erschien über mir sein Bauch, den er, um den dicken Osmin zu markieren, die ganze Arie hindurch vorstreckte und im Takt der Musik hin und her wanken ließ. Das sah ja sehr komisch aus, aber ich war froh, daß die Arie ein gutes Ende nahm. Ich erinnere mich jetzt nicht mehr, ob man ihn auch noch den Sarastro singen ließ oder gleich das übliche Dankeschön sagte. Das Ganze war natürlich von vornherein aussichtslos, nicht daß Thomas schlechter gesungen hätte als sonst, aber im Theater galten doch andere Maßstäbe als in der Dorfkirche von St. Veit.

Es war nicht der einzige Versuch Bernhards in diese Richtung. Einmal hat er zum Beispiel dem Dirigenten Josef Krips vorgesungen, und dessen Urteil war niederschmetternd. In seiner nonchalanten Art soll Krips nämlich gesagt haben: »Was wollns denn, werdns a Fleischer!« Später hat Thomas die Geschichte mit Humor genommen und immer wieder mit dem größten Vergnügen zum besten gegeben. Es gibt auch noch eine kleine Nachgeschichte dazu, die er mir nicht ohne Genugtuung erzählt hat, obwohl seit dem blamablen Vorsingen gut zwanzig Jahre vergangen waren. Eines Tages im Oktober 1974 habe ihn auf der Fahrt von Nathal nach Wien auf der Autobahn ein Leichenwagen mit Genfer Kennzeichen überholt, da habe er gleich gewußt, da liege der drin, der aus ihm partout einen Fleischer machen wollte. Krips war zwei Tage zuvor in Genf gestorben.

Die treibende Kraft hinter diesen wiederholten Anläufen zu einer Sängerkarriere war zweifellos Hede Stavianicek. Bernhard hatte sie bei einem seiner Besuche bei Anna Janka wiedergetroffen, und von da an ist der Kontakt nicht mehr abgerissen. Ich kann mich nicht erinnern, wann und wo ich ihr nach jenem denkwürdigen Kennenlernen wiederbegegnet bin, doch als mich Thomas 1955 in St. Veit besuchte, fand ich es keineswegs verwunderlich, daß er stets in Begleitung der »Frau Doktor« kam. Ich machte mir auch keine Gedanken darüber, wie die beiden, was Alter und Herkunft betraf, so verschiedenen Menschen zueinander standen, was mir aber damals und auch später noch auffiel, war ein etwas gezwungener Gesprächston, der einerseits vertraulich, andererseits auch wieder distanziert klang. Beide vermieden eine direkte Anrede, wobei sie auf die dritte Person auswich (»sei er so gut«, »warum hat er nicht«), was nach dem in gewissen Wiener Kreisen noch immer gepflegten k. u. k. Dehmeldeutsch klang. Mich, als den Freund und Leidensgenossen ihres Schützlings, hat sie eigentlich von Anfang an in ihr freundliches Interesse eingeschlossen. Im Winter 1956/57, als ich einige Zeit in Wien in Behandlung war, fühlte ich mich verpflichtet, sie anzurufen, auch wenn Thomas nicht dabei war. Wir verabredeten uns in einem Café in Hietzing, trafen uns an einem Sonntag vormittag im Kunsthistorischen Museum und gingen auf meinen Wunsch sogar einmal zu einem Musical in die Volksoper, ohne daß ich ahnte, welche Bedeutung dieses Haus einmal für mich haben würde. Meine Begleiterin wäre vielleicht lieber in ein anderes Theater, etwa die Josefstadt, gegangen, aber ich glaube, es ging ihr ohnehin mehr um die Gelegenheit, mit mir über Bernhard und seine Abwege zu sprechen, auf die er sich in ihren Augen begeben hatte.

Damit war wohl seine journalistische Tätigkeit gemeint. Um ihn auf den »richtigen Weg«, nämlich die Sängerlaufbahn, zurückzuführen, für die sie Thomas nach wie vor prädestiniert hielt, ermöglichte sie ihm das Studium am Mozarteum. Hede Stavianicek war sicherlich keine reiche Frau, aber auch nicht unvermögend; als Witwe eines Sektionschefs im Gesundheitsministerium bezog sie eine Pension, von der eine mehrköpfige Familie hätte leben können. Ich nehme an, daß sie für die geringen Studiengebühren, für das Zimmer am Freumbichlerweg (!) in Parsch und für seine sonstigen Bedürfnisse aufgekommen ist. Thomas selbst hatte die Sängerkarriere zu diesem Zeitpunkt längst ad acta gelegt. Ihr zuliebe nahm er zwar weiterhin Gesangsunterricht, als Hauptfach belegte er jedoch wie in weiser Voraussicht das Schauspielseminar, wo er sich das dramaturgische Rüstzeug des zukünftigen Theaterautors holte. Als Schauspielschüler kam er freilich nicht recht zum Zug, man erkannte sein schauspielerisches Talent nicht oder wußte es nicht zu fördern. Wir haben ihn einmal im Studio St. Peter in einer kleinen Rolle agieren sehen, und da bestand seine ganze Komik darin, daß er den richtigen Abgang von der Bühne nicht fand und im Vorhang eingerollt und von Lachen geschüttelt das Ende des Aktes abwarten mußte.

Im Juni 1957 wurde Bernhard bei seiner Abschlußprüfung zwar die Eignung zur Regieführung zuerkannt, doch jetzt wollte er nichts mehr damit zu tun haben. Wieder einmal stand er an einer Wegscheide, und wieder einmal war es eine Fügung des Zufalls, die seinem Leben eine entscheidende Wendung geben sollte. Im richtigen Augenblick sei er damals »seinem einzigen und wirklichen Freund begegnet«, so Bernhard über seine neue Bekanntschaft, den Komponisten Gerhard Lampersberg. Auch dessen um einiges ältere Frau schloß den jungen Poeten mit der schönen Stimme sozusagen prima vista ins Herz. Dieses musische Paar hatte eine Erbschaft dazu verwendet, auf ihrem Anwesen in Maria Saal in Kärnten die österreichische Avantgarde um sich zu versammeln und zu fördern, wobei sie einen bemerkenswerten Spürsinn bewiesen, denn die meisten jungen Talente, wie zum Beispiel H. C. Artmann, Peter Turrini, Wolfgang Bauer oder Friedrich Cerha, um nur einige zu nennen, sind später erfolgreich und berühmt geworden. Auch Bernhard wurde unverzüglich nach Maria Saal eingeladen. Er fand dort, mit Unterbrechungen, für rund drei Jahre ein mehr als familiäres Zuhause und, was noch wichtiger war, empfing aus der Workshopatmosphäre des Tonhofes neue schöpferische Impulse. Erste dramatische Versuche sind mit Lampersbergs korrigierend eingreifender Hilfe entstanden und wurden in einer adaptierten Scheune aufgeführt. Doch Bernhard hielt nicht viel von dieser Kollegialität, wie immer und überall wollte er auch in dieser Runde der Erste und einzige sein. So endete, was in harmonischer Hochstimmung begonnen hatte, in Mißstimmung und Enttäuschung. Was wirklich passiert war, darüber gingen die gegenseitigen Beschuldigungen auseinander; Bemerkungen, die Thomas einmal machte, deuten darauf hin, daß ihm die Intimität dieser »ménage à trois« gegen seine Einzelgängernatur gegangen sein könnte. Mein Freund war nicht nur empfindlich wie eine Mimose, er konnte auch ihm einmal zugefügte Kränkungen nicht vergessen. Ein Vierteljahrhundert pflegte er den Groll gegen die früheren Gönner und Freunde, bis er 1984 mit dem Roman »Holzfällen« zu einer bitterbösen Abrechnung schritt, die dann den endgültigen Bruch bedeutete.

Frau Lampersberg kannte ich übrigens schon, als sie noch Maja von Weis-Ostborn hieß und am Mozarteum Gesang studierte, ja ich hatte sie damals sogar einige Male in der Liedklasse begleitet. Gerhard Lampersberg habe ich 1957, also gerade am euphorischen Beginn dieser neuen Freundschaft, in St. Veit kennengelernt, als er und Thomas sich für ein paar Tage dort in einem Gasthof einquartiert hatten. Es war einer jener kühlen Septembertage, mit denen sich der Sommer endgültig verabschiedet. Beide saßen in ihren Lodenjankern und mit ihren Trachtenhüten am Kopf in ihren Betten, der eine dichtend, der andere komponierend, eine Szene wie aus der »Bohème«. Thomas muß wohl von meinen Vertonungen seiner Gedichte erzählt haben, denn Lampersberg fragte mich bezeichnenderweise, wie und nicht etwa was ich denn so komponiere. Soviel ich mich erinnere, antwortete ich, daß ich zwar nur gelegentlich komponiere, dann aber eher wie Weber als wie Webern, was natürlich als Bonmot gemeint war. Webern war das Idol der damaligen Komponisten-Avantgarde, zu der sich auch Lampersberg zählte. Wie sehr ich mit meiner Bemerkung ins Schwarze getroffen haben muß, wurde mir erst später bei der Lektüre von »Holzfällen« klar. Darin wird ja der Auersberger alias Lampersberg als sogenannter Webern-Nachfolger bezeichnet, dessen Musik hundertmal dürftiger gewesen sei als die des unerträglich dürftigen Anton von Webern. So das abschätzige Urteil Bernhards, dessen eher konservatives Musikverständnis nie über die Klassik hinausgekommen ist.

Als Bernhard im Sommer 1960 Maria Saal Hals über Kopf im Streit verlassen hatte, war er, zumindest in literarisch interessierten Kreisen, kein Unbekannter mehr. Die am Tonhof aufgeführten Stücke hatten auch in der Wiener Presse Beachtung gefunden und ihm zu weiteren Kontakten mit wichtigen Personen der Kulturszene verholfen. Seine Lage blieb aber weiterhin äußerst prekär. Nirgends richtig zu Hause, pendelte er zwischen Salzburg, wo er nach wie vor bei seinem Stiefvater gemeldet war, und Wien, wo ihm Hede Stavianicek eine Schlafstelle samt karg bemessenem Taschengeld zur Verfügung stellte. Um sich ein paar Schilling dazuzuverdienen, verdingte er sich sogar einmal als LKW-Fahrer bei einem Bierauslieferer, ein Job, der ihn physisch vollkommen überforderte. Das Ärgste dabei, so erzählte er, sei gar nicht das Auf- und Abladen der schweren Fässer gewesen, sondern die obligate »Halbe«, die ihm, dem Nichtalkoholiker, von jedem belieferten Wirt aufgenötigt worden sei. Gott sei Dank sei ein Hauseck, das er beim Reversieren übersehen hatte, schon nach wenigen Tagen die Erlösung gewesen. Ein anderes Mal wollte er allen Ernstes als Dritte-Welt-Helfer nach Afrika gehen, eine Idee, die sicher nicht reiner Abenteuerlust entsprungen ist, sondern eher das Maß seiner Verzweiflung vermuten läßt, in der alle diese Versuche letztlich endeten. Erst der Erfolg seines Romans »Frost« 1963, der einige Literaturpreise nach sich zog, brachte die entscheidende Wendung.

Inzwischen ist auch mein Lebenslauf in geregelte Bahnen eingeschwenkt. Mit dem Volksopernvertrag in der Tasche heiratete ich im März 1958 Tatjana Walter, die die ganzen kritischen Jahre über zu mir gestanden war, ohne ungeduldig zu werden. Wir übersiedelten nach Wien und fanden im Währinger Cottage in einem schönbrunnergelben Landhaus aus der Mozartzeit eine geräumige Wohnung mit hohen Stuckdecken, weiten Flügeltüren und Fenstern, die auf einen Park mit altem Baumbestand gingen. Ein unschätzbarer Vorzug war die Nähe zur Volksoper, die nur eine Viertelstunde entfernt war, sowie die bequeme Erreichbarkeit des Wienerwaldes, was für ein gesundes Überleben in der Großstadt gerade in meinem Fall nicht unwichtig war.

Nicht mehr als ein Spaziergang war es auch in den Nachbarbezirk Döbling, wo Hede Stavianicek in der Obkirchergasse Nr. 3 seit 1957 ihr neues und letztes Domizil hatte. Es war dies eine kleine Eigentumswohnung im zweiten Stock eines sogenannten Wiederaufbauhauses, wie sie nach dem Krieg schnell und möglichst billig errichtet worden sind. Wir haben uns oft gefragt, wie sie, die doch ein ganz anderes Milieu gewohnt war, sich dort wohl fühlen konnte. Sie habe die Wohnung in aller Eile und praktisch »ungeschaut« gekauft, wichtig sei ihr nur gewesen, wieder in ihrem Heimatbezirk zu leben. Die beiden Zimmer waren mit kostbaren Möbeln eingerichtet, die aber in der Enge gar nicht recht zur Geltung kamen. Irgendwie hatte man den Eindruck, daß hier die Reste eines einst größeren Familienbesitzes noch einmal aufgestellt waren.

Mir ist die Obkirchergasse in genauer Erinnerung, nicht nur weil wir im Laufe der Jahre oft zum Tee eingeladen waren, sondern weil Bernhard dort seine Absteige hatte. Daß er in der Obkirchergasse »gewohnt« hätte, ist fast schon zuviel gesagt. Ihm stand ein kleines Kabinett mit einem Fenster zur Straße zur Verfügung, wo er seine Bettstatt und einen Tisch hatte, auf dem seine Schreibmaschine stand. Schreiben konnte er dort freilich nur bedingt, denn die Frau Doktor, gewohnt, in ihm ihren »Gesellschafter« zu sehen, wollte lange nicht begreifen, daß er dazu absolute Ungestörtheit brauchte. Oft, wenn er gerade im schönsten Schreibfluß gewesen sei, habe es genügt, daß sie zur Tür hereingeschaut habe, um zu sehen, wie er vorankomme, und schon sei es aus gewesen, wie er sich oft beschwerte. Zum Glück sei er von jeher ein Frühaufsteher gewesen, auf diese Weise habe er dann doch einiges zuwege gebracht.

Es gab immer wieder Perioden, in denen wir uns wochen-, ja monatelang weder sahen noch voneinander hörten. Meist wußten wir gar nicht, wo sich Thomas im Augenblick befand, doch wir konnten sicher damit rechnen, daß er plötzlich auftauchen und dann einfach dasein würde. So war es auch in Wien. Drei Tage nach unserer

Übersiedlung standen wir uns unvermutet am Graben gegenüber. Er sei jetzt bei der Frau Doktor erreichbar, sagte er mit einem unsicheren, entschuldigenden Lächeln und war sichtlich froh, daß er sich weitere Erklärungen ersparen konnte. Dieses erste Wiedersehen in Wien war der Auftakt zu unzähligen gegenseitigen Besuchen und Verabredungen, die alle mit Datum und kurzen Stichworten in den Taschenkalendern der Jahre 1958-1988 dokumentiert sind. Sie alle jetzt anzuführen würde meine Geschichte ins Uferlose gleiten lassen, aber ein paar dieser Erlebnisse, auch wenn sie anekdotenhaft sind, sollten doch erzählt werden.

Das Problem war, daß wir nie im voraus wußten, wann Thomas, der ständig von irgendwoher nach irgendwohin unterwegs war, nach Wien kommen würde, und deshalb nahm Hede Stavianicek die Sache in die Hand und brachte uns zusammen. So hat es sich wie von selbst ergeben, daß Thomas in der Regel in ihrer Begleitung kam. Bisweilen suchte er uns auch allein auf, wenn er etwas auf dem Herzen hatte, von dem die Frau Doktor nicht unbedingt etwas wissen sollte. Er befand sich ja in einem Dilemma: Einerseits war er froh, daß sie sich so seiner angenommen hatte, andererseits fühlte er sich durch ihre besitzergreifende Art eingeschränkt. Er nahm jede Gelegenheit auszubrechen wahr, indem er etwa mit uns größere Fußwanderungen unternahm, bei denen sie nicht hätte mithalten können. Später, als ich mir mein erstes Auto, einen uralten Opel-Olympia, gekauft hatte, erkundeten wir damit zu dritt die weitere Umgebung vom Wienerwald bis ins Burgenland. Besonders in Erinnerung geblieben ist mir auch eine Fahrt nach Salzburg. Wir hatten meine Tante mit, eine lustige Wienerin, und als Thomas merkte, wie sehr seine Späße bei ihr ankamen, erreichte er rasch seine Blödelhochform, so daß wir übersahen, daß uns das Benzin ausging. Wir saßen fest, und Thomas bot an, mit dem

Reservekanister zur nächsten Tankstelle zu wandern. Sollte er gar diesen Vorfall gemeint haben, als er viele Jahre später in einem anderen Zusammenhang feststellte: »Ich hasse beinahe nichts mehr, als mich Leuten mit einem Auto anzuschließen und diesen Leuten auf Gedeih und Verderb ausgeliefert zu sein.« Bald darauf wurde er selbst Autobesitzer. Um die dreißigtausend Schilling, die er für seinen ersten größeren Preis bekam, kaufte er sich einen Triumph-Herald, ein schickes Pseudo-Sportcoupé, dessen angebliche Rasanz er uns auf der langen Geraden vor Klosterneuburg demonstrierte, so daß uns angst und bang wurde. Mit diesem Auto hatte er bald darauf Glück im Unglück. In Jugoslawien rammte ihn ein seitlich von einem Feldweg kommender Wagen, Thomas wurde am Kopf verletzt, so daß ihm das Blut nur so von der Stirn geronnen sei, wie er erzählte. Die Pointe der Geschichte sollte je doch nicht zu ernst genommen werden: Als er mit einem riesigen Kopfverband, der wie ein Turban aussah, endlich ins Hotel zurückgekommen sei, habe ihn die Hede mit heftigen Vorwürfen empfangen, weil sie dachte, er komme von einer Faschingsveranstaltung, während sie stundenlang auf ihn gewartet habe.

Das waren jene Jahre, in denen Thomas als Reisebegleiter der Frau Doktor – »Kofferträger« nannte er es, wenn er sie ärgern wollte – Dalmatien und Sizilien kennenlernte. Sobald er jedoch in der Lage war, solche Reisen nach eigener Lust und Laune zu unternehmen, war er es, der sich gerne von verschiedenen Damen begleiten ließ. Sie kamen aus dem engsten Kreis der bewährten Verehrerinnen, die darin nicht nur ein Vergnügen, sondern auch eine Mission sahen. Das waren außer Grete Hufnagl die Bühnenbildnerin Annemarie Hammerstein-Siller, die seinerzeit die Tonhof-Produktionen ausgestattet hatte, die Hamburger Pianistin Ingrid Bühlau, die zur selben Zeit wie Bernhard am Mozarteum studiert hatte, oder Gerda

Maleta, die Frau des damaligen Nationalratspräsidenten, die mit Bernhard unter anderem Portugal bereiste und sich dann unter dem Titel »Seteais«, so hieß ihr Luxushotel in Sintra, auf nicht unpoetische Weise der gemeinsamen Erlebnisse erinnerte.

Die Frau Doktor war über diese Ausbrüche ihres Schützlings naturgemäß nicht sehr erfreut, doch sie war klug genug, sich damit abzufinden, wohl wissend, daß sie ihn nur halten konnte, wenn sie ihm ein gewisses Maß an Freiheit ließ. Möglicherweise hat sie Bernhards Interesse an jenen Damen überschätzt oder falsch gedeutet, gleichgültig war es ihr jedenfalls nicht, wie eine unachtsame, aber vielsagende Bemerkung einmal bewies. Thomas war gerade wieder einmal auf Reisen, auf Mallorca, wie sie uns berichtete, und vielleicht war unsere Frage, mit welcher Dame er denn diesmal unterwegs sei, etwas provozierend, denn prompt brach es aus ihr heraus: »Na mit dieser, wie heißt sie nur, mit dieser Spielvogel«, so als wüßte sie auf einmal den Namen von Grete Hufnagl nicht mehr, mit der sie viele Male bei uns am Tisch gesessen war. Wenn mit dem Wort »Vogel« etwa Flatterhaftigkeit gemeint gewesen sein sollte, so war dies angesichts Gretes durch nichts zu erschütternde Bernhard-Treue unzutreffend, und wenn da wer mit wem ein Spiel trieb, dann Thomas mit Grete und nicht umgekehrt. Nicht daß Thomas Grete besonders schlecht behandelt hätte, wie vielfach behauptet wurde, aber kleine Alltagskraftproben passierten allemal. So verbot Thomas Grete auf Mallorca, die berühmte Kathedrale von Palma zu besichtigen, nur weil er sie schon von früher kannte und keine Lust hatte, noch ein zweites Mal hineinzugehen. Auf meine Frage, warum sie sich denn alles gefallen lasse, antwortete Grete immer: »Der Thomas ist halt so, und da kannst du nichts machen.«

Wenn sich Thomas, die Frau Doktor und das Ehepaar

Hufnagl bei uns zusammenfanden, war von diesen Eifersüchteleien und Spannungen im allgemeinen nichts zu spüren, die Damen ignorierten einander aufs friedlichste. Zum harmonischen Verlauf dieser Runden hat insbesondere Viktor Hufnagl mit seiner genialisch polternden Impulsivität beigetragen. Obwohl Thomas und er zwei eher konträre Persönlichkeiten waren, haben sie sich recht gut leiden können – ohne eine gewisse Respekt-Grenze zu überschreiten. Es gab ja auch wesentliche Berührungspunkte in Literatur und Architektur: Viktor hatte in seiner Jugend ebenfalls Gedichte verfaßt, während sich Thomas nicht nur bei der Renovierung seines Vierkanthofes, sondern auch anläßlich seiner Roman-Fiktion vom Kegel im Kobernaußerwald mit den Problemen des Bauens beschäftigt hat. Zwischen beiden stand naturgemäß Gretes nicht zu verheimlichende Herzensneigung. Viktor sah lange großzügig darüber hinweg, schließlich arrangierte man sich. Viktor sei ohnehin mit der Architektur verheiratet, war Gretes Argument, das sie gerne zu ihrer Entschuldigung vorbrachte.

Und im Grunde war es ja tatsächlich so. Viktor hing mit Leib und Seele an seinem Beruf, er war so in Beschlag genommen, daß für die Frau an seiner Seite nicht viel Zeit übrigblieb. Nicht daß er sich nicht für Gretes Ambitionen interessierte: Bei der Einweihung seines neuen Ateliers lud er seine Architektenkollegen zu einem Lieder- und Opernabend ein, den Grete mit mir am extra gemieteten Flügel bestritt. Es sollte der Höhepunkt und Abschied von einer Sängerkarriere sein, die Grete im Grunde ihres Herzens, wie ich glaube, nie ernstlich angestrebt hatte. Gerne hätte sie im Büro mitgearbeitet, sagte sie später, doch da war längst eine tüchtige Sekretärin engagiert, die bald auch für Viktors leibliches Wohl sorgte. War es da ein Wunder, daß Grete schließlich ihre eigenen Wege ging? Paradoxerweise war es dann Thomas, der die beiden mehr oder weniger nebeneinanderher lebenden Eheleute hin und wieder zu gemeinsamen Unternehmungen animierte.

Zum Unterschied von Thomas, für den die bloße Ortsveränderung ein essentielles Bedürfnis war, begab sich Viktor nur ins Ausland, um an irgendeinem Architektenkongreß oder dergleichen teilzunehmen. Immerhin ließ er sich von Grete und Thomas zu der einen oder anderen Städtereise überreden, so waren sie einmal gemeinsam in Istanbul und ein anderes Mal in New York. Die Teilnahme beider Hufnagls an jener Harzreise mit dem anschließenden Besuch einer »Tristan«-Aufführung in Bayreuth, zu dem eine nicht unbekannte Wagner-Heroine eingeladen hatte, ist wohl mehr als Geleitschutz zu verstehen, da Thomas sich der über alle Maßen in ihn verliebten Operndiva nicht allein ausliefern wollte. Es spricht sowohl für Viktors Gutmütigkeit als auch für Gretes Selbstaufopferung, daß sich die beiden auch zu solchen Freundschaftsdiensten bereit fanden.

Thomas war nicht nur ein passionierter Kaffeehausbesucher – vor allem wegen der Zeitungen, die dort auflagen –, er war notgedrungen auch ein regelmäßiger Gasthausgeher. Er gehörte in früheren Jahren selbst zu den »Billigessern«, wie er sie in der gleichnamigen Erzählung beschrieben hat, doch auch später, als er sich längst das Beste hätte leisten können, ist er ein Freund der deftigen Hausmannskost geblieben. Surbraten mit Mehlknödeln, hausgemachte Grammelknödel und Palatschinken mit Preiselbeeren seien seine Leibspeisen gewesen, berichtet die Wirtin aus Ottnang, bei der er bis acht Tage vor seinem Tod Stammgast gewesen ist. Er hatte auch in Wien seine bevorzugten Lokale, und meine Frau und ich ließen uns hie und da ins Schlepptau nehmen. So erinnere ich mich an eine ausgiebige Tour durch den Wiener Wurstelprater, wo Thomas bei einigen Schießbuden ganz schön abräumte, was auf eine gewisse Kirtagspraxis schließen ließ. Zuletzt kehrten wir in einer Großbierhalle namens »Oberbayern« ein, wo es ziemlich laut zuging, so daß ich mich ein wenig wunderte, wie sich Thomas an den derben bayrischen »Gstanzln« der Trachtenkapelle so ergötzen konnte. Am Nachhauseweg redete er plötzlich nur mehr bayrisch, und da fiel mir ein, daß er ja einst ein paar Jahre in Traunstein verbracht hatte. Das war zwar lange her, doch den Tonfall mit dem dunklen A beherrschte er noch immer perfekt, und er hat diesen ja auch in einigen Dramoletten aufs köstlichste verarbeitet.

Wie wir es immer wieder erleben konnten, war Bernhard ein Meister des spontanen Einfalls und der geistreich-witzigen Improvisation. Einmal waren wir mit den Hufnagls bei Bekannten eingeladen. Man sprach von einem Mordfall, der gerade Schlagzeilen machte, und über die sensationslüstern aufgebauschte Berichterstattung. Thomas meinte, er kenne sich da aus, er selbst habe einige Zeit davon gelebt, solche Gerichtssaalberichte zu verfassen, da könne es gar nicht blutrünstig genug zugehen. Oft fehle nur noch die geeignete Musik, und die schönste Blutoper wäre fertig, sagte ich und gab damit das Stichwort für eine kleine, improvisierte Vorstellung. Mit einem kurzen Augenzwinkern verständigte ich mich mit Thomas, setzte mich ans Klavier, spielte die dramatischen Anfangstakte meiner Lieblingsoper »Tosca«, und Thomas begann den Zeitungsbericht im Stil einer Bänkelsängermoritat, halb deklamierend, halb singend, wiederzugeben. Zuletzt fiel auch noch Viktor sekundierend mit ein, und die Gastgeber kamen aus dem Staunen nicht heraus.

So umgänglich, so locker und zu geistreichen Blödeleien aufgelegt war Thomas freilich nicht immer. Es hing ganz von der Gesellschaft ab, in der er sich gerade befand, ob er sich akzeptiert fühlte oder Vorbehalte zu spüren glaubte. Die geringste atmosphärische Störung genügte, daß seine freundliche Gelöstheit von einem Augenblick zum anderen umschlug. Es war dann, als senkte sich plötzlich eine gläserne Wand herab, hinter die er sich mit einem fast feindseligen Schweigen zurückzog. Bernhard war kein Misanthrop, er hat die Menschen nicht verachtet, im Gegenteil, er hat sie gesucht, denn sie waren sein Studienobjekt par excellence. Er war aber sehr mißtrauisch, was dazu führte, daß er stets zwischen Geselligkeits- und Isolationsbedürfnis, zwischen Kontaktsuche und Beziehungsphobie hin und her gerissen war. Dies mochte auch der Grund gewesen sein, warum er bei vielen Leuten im Ruf stand, ein »Schwieriger« zu sein. Für uns war er es sicherlich nicht.

Natürlich haben wir den Weg unseres Freundes vom Lyriker zum Prosaautor und höchst erfolgreichen Dramatiker immer mit der größten Aufmerksamkeit und Anteilnahme verfolgt. Das war nicht besonders schwer, denn Bernhard wurde schon früh zum bevorzugten Objekt der Medien, sie berichteten sowohl über die literarische Produktion als auch über die damit einhergehenden Anfeindungen, öffentlichen Erregungen und Provokationen. Wir staunten oft, was wir da zu lesen bekamen: Bernhard der Nestbeschmutzer, der Fallensteller, der Untergangshofer, der Alpenbeckett, der Meisterblödler und wie alle diese Attribute lauteten, die im Grunde genommen nur seine genialen Facetten widerspiegelten. Der Einsame in seinem »Arbeitskerker«, der unbeirrt von allen öffentlichen Verletzungen und Brüskierungen Wort für Wort zu einem herausragenden Gesamtwerk fügt, geriet dabei aus dem Blick. Wie sehr Bernhard schon bald vollkommen in seiner Arbeit aufging, zeigt ein Brief an mich, in dem es unter anderem heißt: »Es ist ein ganz und gar grausliches Arbeitswetter, gut für die Sache, der ich mich mit Haut und Haar ausgeliefert habe, meiner Schreiberei. Ohlsdorf, 30. 1. 65.«

Zu diesem Zeitpunkt hatte Bernhard bereits seinen

großartigen Romanerstling »Frost« und die Erzählung »Amras« geschrieben. Er wurde in der Folge immer wieder zu Lesungen eingeladen, die in Wien meist im Palais Pálffy stattfanden. Der Andrang war von Mal zu Mal größer, zuletzt mußten die Flügeltüren zu einem der angrenzenden Räume geöffnet werden, wo man dann nur Bernhards Stimme hören konnte. Während seines Vortrags saß Bernhard ruhig, fast bewegungslos an seinem Lesepult. Er las ohne jede Emphase, stets auf gleichbleibender Tonhöhe, was dem Duktus seiner Texte entsprach, aber die Aufmerksamkeit seiner Zuhörer herausforderte. Dabei bemühte er sich, ein reines Hochdeutsch zu sprechen, was ungewohnt klang, wenn man seinen leicht umgangssprachlich gefärbten Ton im Ohr hatte.

Eine dieser Lesungen ist mir besonders in Erinnerung geblieben. Wie immer war die »Bernhard-Gemeinde«, Freunde, Bekannte und die große Schar anonymer Anhänger, zahlreich erschienen. Thomas hatte für uns zwei Plätze ganz vorne reservieren lassen. Neben uns saß ein soignierter älterer Herr, wie sich nachher herausstellte, war es »Wittgensteins Neffe« Paul, das Enfant terrible jener berühmten Familie. Thomas erschien im Saal, setzte sich, um mit der Lesung zu beginnen, dann erblickte er uns. Er kam vom Podium herunter und schüttelte uns die Hände, als hätten wir uns weiß Gott wie lange nicht gesehen. Die Leute reckten die Hälse, wer denn da so demonstrativ begrüßt werde, auch unser Nachbar taxierte uns von oben bis unten. Diese sicherlich freundschaftlich gemeinte Geste machte uns verlegen, die ganze Lesung hindurch fühlten wir uns beobachtet und dachten nach, was ihn dazu bewogen haben mochte.

War Bernhard mit seinen Büchern lange Zeit ein Geheimtip unter Freunden zeitgenössischer Literatur, so war er mit seinen Bühnenstücken, auch aufgrund des Aufsehens, das sie erregten, bald in aller Munde. Als Josef Kaut,

Bernhards ehemaliger Chef beim »Demokratischen Volksblatt«, Präsident der Salzburger Festspiele wurde, kam es zu einer ganzen Reihe von Bernhard-Uraufführungen. Da wir die Sommermonate immer in Salzburg verbrachten, waren wir bei allen dabei, auch beim sogenannten Notlicht-Skandal bei der Premiere von »Der Ignorant und der Wahnsinnige« (1972), als Bernhard die rigorose Befolgung seiner Regieanweisung »totale Finsternis am Ende des Stückes«, was das Löschen des polizeilich vorgeschriebenen Notlichts im Zuschauerraum bedeutete, zur Conditio sine qua non machte und damit beinahe sein eigenes Stück zu Fall gebracht hätte. Im Grunde kam es ihm nur darauf an, wieder einmal auszuloten, wie weit er gehen konnte, mit dem Erfolg, daß das Stück nach der Premiere dann doch abgesetzt wurde, was ihn selbst wohl am meisten getroffen hat. Ich erinnere mich noch gut, wie Thomas vor der Vorstellung aufgeregt zu uns ins Foyer kam, wo die Leute schon ungeduldig auf den Einlaß warteten, während drinnen noch mit der Polizei verhandelt wurde, und um sein Stück zitterte.

Mit dem Erfolg rückte die Erfüllung eines Wunschtraums in greifbare Nähe: das eigene Haus. Die Vorstellung, die Bernhard davon hatte, muß eine exakte gewesen sein, denn nachdem er zu Weihnachten in der Zeitung von einem zum Verkauf angebotenen Vierkanthof in der Gegend von Gmunden gelesen hatte, ging alles sehr schnell. Am Dreikönigstag 1965 sei er in Begleitung von Frau Stavianicek um elf Uhr zu einer ersten Besichtigung des Hauses nach Ohlsdorf gekommen, und zwei Stunden darauf sei der Kauf perfekt gewesen, so Karl Hennetmair, der Makler. Die zweihunderttausend Schilling, die das Anwesen kostete, mußte er freilich von mehreren Seiten zusammentragen: Von seinem Verlag »erpreßte« er sich einen Vorschuß auf sein nächstes Buch (»Verstörung«), vom zuständigen Ministerium holte er sich ein zinsenloses Darlehen, und die Frau Doktor trug ebenfalls ihren Teil dazu bei. Auch ich habe ihm in der Folge ein paarmal mit kleineren Beträgen ausgeholfen, wenn eine Handwerkerrechnung prompt zu bezahlen war, denn der über sechshundert Jahre alte Hof war in einem ruinösen Zustand und wäre, wenn Bernhard ihn nicht gekauft hätte, der Schubraupe zum Opfer gefallen. Die Rettung des beeindruckenden alten Gemäuers, die über die Jahre hinweg noch viel Geld verschlungen hat, obwohl Bernhard selbst nach Kräften Hand anlegte, wurde nach der »Schreiberei« zu seiner zweiten Lebensaufgabe. Die Hoffnung, in den eigenen vier Wänden auch Ruhe für die Arbeit zu finden, sollte sich nicht erfüllen. Die meisten seiner größeren Werke entstanden nach wie vor in der Anonymität von Hotelzimmern oder bei Freunden im Ausland.

Sobald sich der Hof in einem einigermaßen herzeigbaren Zustand befand, lud uns Thomas ein, doch fehlte es uns immer an Zeit, wenn wir nach Salzburg fuhren, selbst für den kleinen Umweg. So kam es, daß meine Mutter und meine Schwester, die Thomas in Salzburg besucht und ebenfalls eingeladen hatte, noch vor uns nach Nathal kamen. Über ihren Besuch am Muttertagssonntag im Mai 1967 berichtete letztere ausführlich in einem Brief, den ich hier wegen seiner Anschaulichkeit auszugsweise wiedergeben möchte: »Wir starteten also um 10 Uhr und fuhren nach Thomas' Angaben über die Autobahn nach Steyrermühl, dann Ohlsdorf, und nach zweimaligem Fragen kamen wir fast bis vor das Haus – so leicht zu finden, wie er es in Salzburg beschrieb, ist es auch wieder nicht –, immerhin scheint er in der Gegend schon recht bekannt zu sein, denn ein ganz kleiner Bub wußte sogar, wo es zum Bernhard geht. Der Hof und im Hof war alles offen, ich rief die längste Zeit ›hallo‹, bis endlich der Thomas, ganz zünftig angetan in schwarzen Knielederhosen und blauem Arbeitsjopperl aus dem Geräteschuppen kam. Frau Dr.

Stavianicek patrouillierte schon eine Stunde lang um den Hof und versäumte letztlich doch den Moment unserer Ankunft. Anhand des Planes will ich Euch ein bisserl beschreiben, wie es ist, damit Ihr nicht ganz auf den Hintern fallt, wenn Ihr den ersten Besuch macht. Obwohl in den 9 (!) Zimmern noch kaum etwas steht, waren wir sehr erstaunt, wie weit sich Thomas schon durchgekämpft hat. Alle elektrischen Installationen sind gemacht und alle Zimmer sauber ausgemalt und mit gewachselten Böden versehen, so gut gewachselt, daß der Arco immerzu ausrutschte. Die Küche ist sehr groß, mit einem breiten Fenster, einem herrlichen Bauerntisch mit einer Eckbank, auf einem Bord alte Backformen, Klinkerboden. Das Wohnzimmer ist schon ganz gemütlich, wie in allen Zimmern schmiedeeiserne Vorhangstangen mit Ringen aus ehemaligen Kuhketten und einfärbige Leinenvorhänge. Er hat schon einige Kommoden, Truhen, Kästen. Unten gibt es ein noch nicht eingerichtetes Eßzimmer sowie ein Kaminzimmer mit einem Ungeheuer von einem offenen Kamin mit Holzscheitern, dann noch ein kleines Kämmerlein, von dem es in das Badezimmer geht – und dieses ist die Attraktion des Hauses –, in einer ungewöhnlichen Farbe, die ich aber hier nicht verrate. Vom Wohnzimmer führt eine Stiege und vom Vorhaus eine steile Hühnerleiter hinauf in den oberen Stock, in dem im Augenblick nur das Nötigste steht, der aber möbliert sehr schön werden kann. Nur, das Haus gehört einmal fest durchgeheizt, es ist überall recht kühl, worüber die Frau Dr. Stavianicek sehr jammerte. Der ehemalige Schweinestall wurde erst heute gestrichen und soll eine Saufbude werden. Der Kuhstall ist noch eine totale Wüstenei. Da Thomas noch beschäftigt war, mit einem Arbeiter im Obstgarten eine Aussichtsbank zu zimmern, wir aber schon hungrig waren, fuhren wir voraus nach Gmunden und weiter nach Hoisen in ein Gasthaus mit Blick über den See, wohin Thomas und die

Frau Doktor bald nachkamen. Als wir uns nach dem Mittagessen verabschiedeten, war Thomas ein wenig enttäuscht, aber wir hatten Theaterkarten für den Abend und wollten nicht ins Gedränge kommen. Thomas gab uns noch den Rat, nicht über Ischl zu fahren, sondern über eine neue Bergstraße, die bei Steinbach am Attersee herauskommt, eine phantastisch schöne Strecke, die Ihr unbedingt einmal fahren müßt.«

Das Jahr darauf besuchten endlich auch wir Thomas auf seinem Hof, in der Folge sind wir dann noch öfter vorbeigekommen und haben so die einzelnen Bau- und Ausstattungsstadien gut verfolgen können. Wir waren immer wieder von dem sicheren Geschmack überrascht, mit dem er die Möbel und die Accessoires aus der Gegend zusammentrug. Er hatte da wohl seine Vorbilder, ich denke nur an Maria Saal, was er natürlich nie zugegeben hätte. Vieles hat er sich aber auch nach eigenen Entwürfen anfertigen lassen, was dann leicht ins Monumentale, Klobige ging. Ich erinnere mich an ein paar überdimensionale, hölzerne Thronsessel, die eher in die Halle der Gibichungen gepaßt hätten. Auffallend war die pedantische Ordnung, die überall herrschte. So sah es in der Küche mit den blitzsauber glänzenden Armaturen und Kochutensilien nicht so aus, als ob dort jemals zu einem richtigen Gastmahl aufgekocht worden wäre. Eigentlich hatte man schon damals eher den Eindruck, in einem Museum zu sein als in einer Wohnstätte, was es ja dann später tatsächlich wurde. Es gab auch sonst alles, was zu einer funktionierenden Landwirtschaft vonnöten ist, vom Traktor bis zum Kuhstall; es fehlte eigentlich nur das Vieh, und schon hätte der Hof seinen Besitzer ernähren können, was für Bernhard, der die Angst, eines Tages mit dem Schreiben nichts mehr verdienen zu können, nie ganz los wurde, sicher auch ein Argument für den Kauf eines bäuerlichen Anwesens gewesen war. Vertrautheit mag mitgespielt haben: Die meisten seiner Vorfahren kamen ja vom Land, auch sein Großvater, nur hatte dieser auf sein Erbe verzichtet, um als Revolutionär in die Welt zu gehen. Der Erwerb von Grund und Boden war die einzige Form der Geldanlage, der Thomas nicht mißtraute, wie ich aus Gesprächen immer wieder heraushörte. Sein persönlicher Aufwand war, von den Reisen und einem Hang zu ausgesuchter Kleidung und erstklassigem Schuhwerk abgesehen, eher bescheiden. Den dunkelgrünen Mercedes, den er sich nach dem Debakel mit dem englischen Sportwagen gekauft hatte, fuhr er bis zuletzt, also gut zehn Jahre. Er steht jetzt, ebenfalls als Museumsstück, in einem Verschlag des Hofes. Soviel ich weiß, floß sein ganzes Geld in die Restaurierung seines Anwesens, und als dieses seine höchste Perfektion erreicht hatte, in den Kauf zweier weiterer Bauernhäuser, der »Krucka« am Grasberg bei Altmünster und des »Quirchtenhauses« in Ottnang.

In dieser freundlichen Voralpenlandschaft zwischen dem Traunstein und dem Hausruck fand Thomas Bernhard seinen neuen, lebensbestimmenden Mittelpunkt. Im näheren Umkreis lebten einige Menschen, mit denen er freundschaftlichen Umgang pflegte, so Hennetmair im nahen Ohlsdorf, Wieland Schmied und das Ehepaar Maleta in bequemer Autoreichweite, auch einige Vertreter des bodenständigen Landadels, für den Bernhard eine Schwäche entwickelt hatte, saßen ringsum auf ihren Gütern.

Um in seiner Nähe zu sein, wenn Thomas sich auf seinem Hof in Ohlsdorf aufhielt, richtete sich Grete Hufnagl in Gmunden eine Garçonnière ein. Auch Thomas kaufte sich schließlich dort eine komfortable Wohnung, da das Leben im abgelegenen Hof für ihn zunehmend beschwerlich geworden war. Zuletzt ließ sich auch Dr. Peter Fabian als Internist in Gmunden nieder, und ich fragte mich, ob er geahnt hat, was früher oder später einmal als

Arzt und Halbbruder von Thomas auf ihn zukommen würde.

Auch Hede Stavianicek kam immer wieder zu kürzeren und längeren Aufenthalten nach Nathal. Sie war eine der ganz wenigen Logiergäste, die Bernhard in seinen Mauern duldete. In Wien war sie oft wochenlang allein. Sie hatte dort einen Bruder und eine Nichte, die Verbindung zu ihnen schien aber keine besonders enge gewesen zu sein, da standen wir ihr als Bernhards »Urfreunde« noch näher. Sie kam öfter in die Cottagegasse herüberspaziert, um uns über die neuesten Affären des »Herrn Bernhard« zu informieren, wie sie, zwischen Stolz und Kritik schwankend, Thomas dann zu nennen pflegte. So nebenbei erfuhren wir, daß »der Herr Bernhard jetzt Burgtheaterdirektor werden soll« oder daß sich »der Herr Bernhard jetzt den ganzen Tag die Goldbergvariationen von Glenn Gould anhört«, was wir mit Staunen registrierten. Daß Thomas dabei war, an seinem neuen Roman, dem »Untergeher«, zu schreiben, wollte oder durfte sie nicht sagen. Gerne kam sie auch zum Fernsehen herüber, nicht nur wenn ein Bericht über Bernhard oder die Übertragung eines seiner Stücke angesagt war. Ich erinnere mich noch gut an eine Wiedergabe der »Letzten Tage der Menschheit« von Karl Kraus, wo sie sich über die herabsetzende Zeichnung der österreichischen Offiziere dermaßen aufregte, daß wir abdrehen mußten. Dieser Konservativismus stand im Gegensatz zu ihrem Gehabe als emanzipierte Frau. Um ja nicht für altmodisch gehalten zu werden, erzählte sie oft von ihrer Jugend, wie sie im Herrensitz geritten sei und nackt in der Donau gebadet habe. Sie gefiel sich als schwarzes Schaf der Familie, der Fischkonserven-Dynastie Hofbauer, die in Südböhmen beheimatet gewesen war. Davon waren ihr außer ein paar schönen, aber wertlosen Friedenskronen-Aktien gewisse Vorlieben geblieben, wie etwa beim »Eckel« in Sievering zu speisen, sich in der Kärntnerstraße bei der »Englischen Flotte« einzukleiden oder nach Abbazia dem Frühling entgegenzufahren.

Statt Abbazia oder Opatija bevorzugte sie später das ruhigere Lovran und das Hotel »Beograd« (heute Bristol), ein älteres, komfortables Haus mit der Patina vergangener k. u. k. Zeiten. Auf ihre Empfehlung haben wir uns im April 1980 dort für zehn Tage einquartiert. Kaum waren wir in Lovran angekommen, trafen zu unserer Überraschung auch Thomas und die Frau Doktor ein. Er hatte von unseren Reiseplänen erfahren und sich spontan entschlossen, ebenfalls herzukommen. Am Abend ließ er unsere Tische im Speisesaal zusammenstellen, was seiner Begleiterin aber gar nicht recht war, da sie, wie wir nachher merkten, Probleme mit den Zähnen hatte. Thomas war stark verkühlt und hatte keinen Appetit, bestellte sich aber eine Flasche Dingać, die er allein austrank. Während der nächsten Tage gingen wir meist getrennte Wege: Wir fuhren in die Umgebung, während Thomas die Frau Doktor bei ihren gemächlichen Spaziergängen die Meerpromenade entlang begleitete. Erst am späten Nachmittag trafen wir uns zu gemeinsamen Unternehmungen, gingen ins Café, durch die Altstadt und auf den Friedhof. Einmal machten wir einen Ausflug nach Lovranska Draga, einer kleinen Ansiedlung hoch über dem Meer. Der rasche Höhenwechsel führte zu einem Schwächeanfall der Frau Doktor, der uns sehr erschreckte. Der Wirt, bei dem wir eingekehrt waren, brachte feuchte Tücher gegen das Nasenbluten, und Thomas zeigte sich ungewöhnlich spendabel und bestellte eine große Portion Pršut für alle. An den Abenden saßen wir immer noch eine Weile beisammen und sprachen über dies und das, nur nicht über Bernhards momentane Arbeit, wobei ich gar nicht sagen kann, ob er damals überhaupt an etwas arbeitete. Wenn ja, dann dürfte es wohl die »Kälte« gewesen sein, die ja im Jahr darauf erschienen ist. Ich kann mich zwar nicht erinnern, daß wir damals über Grafenhof gesprochen hätten, aber es ist gut möglich, daß unser Zusammensein bei Thomas manches wieder in Erinnerung gerufen hat, was dann in das Buch eingeflossen ist. Die zehn Tage in Lovran waren und blieben unser einziges längeres Zusammensein nach dem Aufenthalt in der Heilstätte. Doch wir trafen uns weiterhin, wie es sich ergab. 1982 feierten wir mit Thomas zusammen bei uns Hede Stavianiceks 88. Geburtstag, den sie erstaunlich rüstig und geistig klar beging. Doch schon das Jahr darauf, als meine Frau sie einmal besuchte, machte sie einen verwirrten Eindruck und schien sie nicht zu erkennen. Sie war allein und offensichtlich ohne Betreuung, so versuchten wir Thomas, der in Obernathal kein Telefon hatte, über Grete Hufnagl in Gmunden zu erreichen. Als er kam, ging es der Frau Doktor schon wieder besser. Im Laufe des Winters 1983/84 waren wir noch einige Male bei ihr zum Tee, und sie ließ uns nie gehen, ohne auf jenen großen Zettel hinzuweisen, den sie schon seit Jahren auf dem Buffet liegen hatte und auf dem der Wunsch stand, daß ihr im Falle des Todes der sogenannte Herzstich gegeben werden sollte, denn mehr als vor dem Tod fürchtete sie sich davor, scheintot begraben zu werden. Eines Tages kam ein Anruf von Thomas, was ganz ungewöhnlich war, doch wie sich herausstellte, wollte er gar nicht uns, sondern das Sanatorium Baumgartner Höhe anrufen, hatte sich aber offensichtlich in seinem Telefonbuch um eine Zeile geirrt. »Stell dir vor«, sagte er, »die Hede sitzt lallend wie ein Kind bei mir am Schoß.« Aus seinem Ton war herauszuhören, daß ihn die Situation, die eigentlich eine tragische war, in ihrer unfreiwilligen Komik eher belustigte. »Ich ruf' euch noch an«, sagte er, was er natürlich nicht tat, aber von Grete erfuhren wir, daß die Frau Doktor tatsächlich auf die Baumgartner Höhe gebracht worden war, wo sie dann auch kurz darauf starb.

Man sagt, Hede Stavianicek sei die einzige Frau gewesen, mit der Thomas Bernhard in »wirklicher« Liebe verbunden war. Das heißt jedoch nicht, daß in seinem Leben nicht auch andere Frauen eine Rolle gespielt hätten. Fühlten sich die Damen seiner unmittelbaren Umgebung vom etwas linkischen Charme, vom hintergründigen Witz schnell hingerissen – seine Berühmtheit mag da mitgespielt haben –, so gab es, abgesehen von jenen Schwärmerinnen, die ihn auf verschiedene Weise bedrängten, auch Frauen, für die allein die Begegnung mit dem Werk zum schicksalhaften Ereignis ihres Lebens wurde. Es waren dies keineswegs labile Träumerinnen, sondern durchaus erfolgreich in Beruf und Familie stehende Frauen, wie die schon erwähnte Wagnerheroine, die, relata refero, eines Tages in Nathal aufgekreuzt ist, um den Fortgang ihrer Opernkarriere dem Urteil Bernhards anheimzustellen. Ein anderes prominentes Beispiel ist die Schriftstellerin Gemma Salem, die unter dem Eindruck der Bücher Bernhards ihre Familie verließ, um in Österreich seinen Spuren nachzugehen.

Bernhard war gewiß kein erklärter Frauenfeind, wie man aus den weiblichen Figuren in seinem Werk schließen könnte. Sein Frauenbild war sicherlich durch das unglückliche Verhältnis zu seiner Mutter geprägt. Seine offenkundige Reserviertheit gegenüber allem, was mit Sexualität zu tun hat, mochte darin ihre Wurzeln haben. Weder in Grafenhof noch später war das ein Thema zwischen uns, was ja nicht unnatürlich gewesen wäre. Bernhard sagte einmal, alles über ihn stehe in seinen Büchern, doch über Sex oder Liebe steht kaum etwas drin. Einmal darauf angesprochen, sagte er, daß er in dem Alter, wo man sich naturgemäß damit zu beschäftigen beginnt, zu krank gewesen sei, und später habe es ihn nicht mehr interessiert – was bei jemandem, der von einer so unbändigen Neugier auf alles war, was es im Leben gibt, doch verwunderlich ist.

Die Frauen, so lautet Bernhards Resümee, seien für ihn ein nützlicher Umgang gewesen, bei dem man viel lernen könne, da sie vieles wüßten, was die Männer nicht wüßten. Darüber hinaus ließ er es sich gerne gefallen, und es gefiel ihm auch, wenn Frauen sich für ihn interessierten und ihn umsorgten. Doch alle diese Bekanntschaften blieben, soweit wir wissen, im freundschaftlichen Rahmen.

Unter allen Frauen in Bernhards Leben nahm Hede Stavianicek, die er oft auch als Tante vorstellte, um sich nähere Erklärungen zu ersparen, eine absolute Ausnahmestellung ein. Thomas hatte vor, über seinen »Lebensmenschen« ein Buch zu schreiben. Er hatte es mehr oder weniger schon im Kopf, auch der Titel stand schon fest: »Kopfzerbrechen. Eine Romanze«. Da das Buch leider ungeschrieben geblieben ist, kann man nur vermuten, was unter »Romanze« zu verstehen gewesen wäre. War es eine rein platonische Beziehung, eine echte Liebesgeschichte, oder waren es unausgelebte Muttergefühle, die die lebenserfahrene Frau bewogen, sich des jungen Mannes anzunehmen, der ihr Sohn hätte sein können? Auch Caritas ist ein Aspekt der Liebe. Thomas ist erst allmählich und nicht ohne Schwierigkeiten in diese Beziehung hineingewachsen. Ihre Prüfung hatte sie in dem Moment zu bestehen, als er auf eigenen Füßen stand und keiner materiellen Zuwendung mehr bedurfte. Da wurde ihm bewußt, was er dieser Frau zu verdanken hatte. Sie hielt ihn zu Disziplin bei der Arbeit an, sie war die erste, die die Manuskripte zu lesen bekam, die erste Instanz. Zu dem Gesamtwerk, wie wir es heute vor uns haben, hat sicherlich auch diese interessierte und fördernde Anteilnahme ihren Teil beigetragen. Als sie starb, war Thomas völlig verzweifelt. Der Verlust seines Lebensmenschen war das Fürchterlichste, was ihm zustoßen konnte, gleichsam die Vorwegnahme seines eigenen Todes. Im Grunde sei er ja in dem

Augenblick, in dem ihm seine Frau gestorben sei, auch gestorben, läßt Bernhard Reger in »Alte Meister« sagen.

Als Thomas das erste Mal nach dem Tod von Hede Stavianicek wieder zu uns kam, waren zwei Monate vergangen. Er versuchte zwar, sich nichts anmerken zu lassen, doch man konnte sehen, wie nahe ihm alles gegangen ist. Er machte sich heftige Vorwürfe, daß er Hede auf die Baumgartner Höhe gebracht hatte, da sie dort nicht so untergebracht war, wie er es sich erwartet hatte. Als wollte er sich dafür entschuldigen, kam er, was er sonst nur ganz selten tat, auf seine eigenen gesundheitlichen Probleme zu sprechen, auf die abnormale, stetig fortschreitende Vergrößerung und die damit verbundene Schwäche seines Herzens, die ihm oft den letzten Atem nehme, und er berichtete darüber illusionslos und ohne jede Todeskoketterie. Der Ernst der Stunde brachte uns zueinander wie schon lange nicht mehr, Erinnerungen drängten sich auf an Grafenhof, und Thomas war sehr erstaunt, als ich meinen Kalender hervorholte und ihm genau sagen konnte, wann er in der St. Veiter Kirche seinem späteren Lebensmenschen zum ersten Mal begegnet war. Thomas hatte diesen Tag nie bewußt registriert, er schien auch jetzt nicht besonders interessiert am Datum zu sein, doch es brachte ihn auf eine Idee, die mich wiederum überraschte: Er deutete auf meinen Kalender und sagte: »Du solltest deine Memoiren schreiben«, und er sagte das ohne jeden zweideutigen Unterton, meinte es also völlig ernst, während ich es nicht ernst nahm, weil mir jede Motivation dazu fehlte. Jetzt, da ich im Zuge dieser Niederschrift auf die längst vergessenen Worte als Kalendernotiz gestoßen bin, bekommen sie eine Bedeutung: Es ist, als würde der von mir immer wieder in Zweifel gezogene Entschluß, meine Erinnerungen an den Freund aufzuschreiben, nachträglich von ihm gutgeheißen.

Nach dieser unvergeßlichen Zusammenkunft verging

abermals fast ein Jahr, bis wir uns wiedersahen. Es war Anfang Mai 1985, meine Mutter und meine Schwester waren zu Besuch, und da sie Thomas jahrelang nicht mehr gesehen hatten, bat ich Grete, die nach dem Tod der Frau Doktor unsere Vermittlerin war, etwas zu arrangieren. So kam es, daß wir uns alle beim »Seiler« in der Pötzleinsdorferstraße zum Mittagessen trafen – Thomas war in Begleitung von Krista Fleischmann –, und anschließend übersiedelten wir zum Kaffee in unseren Garten. Es war herrliches Frühlingswetter, und doch wollte keine ungezwungene Stimmung aufkommen. Vielleicht lag es auch an mir, denn noch in den alten Ängsten gefangen, mußte ich mich immer wieder fragen, ob Krista Fleischmann wohl realisierte, daß sie dem »kranken Kapellmeisterfreund« gegenübersaß. Thomas war in sich gekehrt und beteiligte sich kaum am Gespräch, das mehr oder weniger unverbindlich dahinfloß; es war sein letzter Besuch bei uns.

Danach traf ich Thomas noch einmal kurz in der Stadt. Wir standen uns so plötzlich gegenüber, daß es ihm nicht verborgen bleiben konnte, wie erschrocken ich über sein Aussehen war. Noch nie hatte ich ihn so krank, so müde und abgekämpft gesehen, und die übliche Frage, wie es ihm denn so gehe, schien mir auf einmal deplaziert, so daß ich sie am liebsten unterlassen hätte. Eine Weile retteten wir uns in Belanglosigkeiten, und dann machte Thomas unserer Ratlosigkeit ein Ende: »Es dauert eh schon zu lang«, sagte er ganz ruhig, jede Beschwichtigung abwehrend, fügte dann sein typisches, mit einem kurzen Aufschnupfen verbundenes »nicht?« hinzu und ging, sich zum Abschied noch ein verlegenes Lächeln abringend, wieder seines Weges.

Es hat mir sehr leid getan, daß wir uns die letzten Jahre immer seltener gesehen haben. Der Grund dafür war, daß Tanja und ich seit meiner Pensionierung 1983 oft wochen-

und monatelang auf Reisen waren. Endlich konnten auch wir jene Gegenden bereisen, die Thomas schon lange vor uns besucht und von denen er immer Ansichtskarten an uns geschrieben hatte. Was uns dabei aufs freudigste erstaunte, waren jene fast obligaten Beteuerungsformeln wie: »Komme bald nach Wien, darf ich dann zu Euch?« oder »Ich melde mich gleich, wenn ich zurück bin« und zuletzt, 1986, aus Madeira: »Bis zur Rückkehr im März ein Lebenszeichen den Urfreunden T. u. R., Euer unruhiger, aber wenigstens geistig gar nicht untreuer Thomas.« In diesen Grüßen voll Sehnsucht und Nostalgie wird eine Freundschaft beschworen, die durch die Umstände an ihrem Ende beinahe schon fast mehr Imagination als Realität gewesen ist. Eines sei nochmals festgehalten: Wenn ich bedenke, wie Thomas andere »einzig wahre Freundschaften« platzen ließ, weil sie seinen moralischen oder sonstigen Ansprüchen nicht mehr genügten, kann ich den Wert und den Lebensgewinn dieser Freundschaft nicht hoch genug ansetzen. Wir waren Zeugen seines Werdens von allem Anfang an und haben ihn, und das wußte er, stets ernst genommen und akzeptiert, wie er war. Er hat es uns gelohnt, indem er uns nicht fallenließ, sondern durch vier Jahrzehnte hindurch zu dieser Freundschaft stand, einer »Zeugenfreundschaft wie keiner zweiten«.

# Epilog

Rudolf Brändle, Hedwig Stavianicek und Thomas Bernhard in Lovran.

Einige Tage bevor wir uns im Jänner 1989 nach Spanien begaben, um im milden andalusischen Klima zu überwintern, hatten wir von Grete Hufnagl erfahren, daß sich Thomas bald nach der Premiere von »Heldenplatz« – die Turbulenzen und öffentlichen Erregungen rund um das Stück hatten ihm die letzten Kräfte gekostet – nach Málaga in ein Hotel namens »La Barracuda« zurückgezogen habe. Sofort kam uns die Idee, ihn dort aufzusuchen und zu überreden, doch zu uns nach San Pedro bei Marbella zu kommen, wo wir nahe am Meer ein Haus unter Palmen und Eukalyptusbäumen gemietet hatten. In Málaga stellte sich nach einigem Herumsuchen heraus, daß sich erstens jenes Hotel gar nicht in Málaga, sondern in Torremolinos befand und daß zweitens Señor Bernhard bereits im Dezember von dort abgereist sei. Wir wunderten uns sehr, daß Grete, die sonst immer so gut informiert war, dies nicht gewußt hatte, und waren enttäuscht, daß aus unserem Wiedersehen nun nichts wurde. Am 16. Februar kamen dann meine Mutter und meine Schwester für einige Wochen zu uns. Wir hatten sie am Flugplatz abgeholt, saßen am Abend gemütlich beisammen, um zehn Uhr hörte ich wie immer die Nachrichten von Radio Austria International, und da kam es gleich an erster Stelle: »Wie erst jetzt bekannt wurde, ist der Schriftsteller Thomas Bernhard am 12. Februar in Gmunden gestorben.« Der Radioempfang war so schlecht, daß ich im Moment dachte, mich verhört zu haben, vielmehr hoffte ich es, bis ich am nächsten Tag zu meinem Zeitungsstand kam, und da stand es ganz groß als Überschrift auf der ersten Seite einer holländischen Tageszeitung: »Der Tod des Theatermachers«.

Lange stand ich noch da, starrte auf die Zeilen und auf

die vertrauten Züge auf dem Photo daneben. So vieles, nie Ausgesprochenes und immer wieder Aufgeschobenes, wäre noch zu sagen gewesen; nun war es dafür zu spät. Das ist traurige Erfahrung, die wir alle angesichts des Todes machen.

- Trotzdestonichts oder Der Wendehals. st 3180. 160 Seiten

**Truman Capote.** Die Grasharfe. Roman. Übersetzt von Annemarie Seidel und Friedrich Podszus. st 3135. 208 Seiten

**Paul Celan.** Gesammelte Werke in sieben Bänden. Sieben Bände in Kassette. st 3202-st 3208. 3380 Seiten

**Marguerite Duras.** Der Liebhaber. Übersetzt von Ilma Rakusa. st 1629. 194 Seiten

**Hans Magnus Enzensberger.** Der Fliegende Robert. Gedichte, Szenen, Essays. st 1962. 350 Seiten

**Max Frisch**
- Homo faber. Ein Bericht. st 354. 203 Seiten
- Stiller. Roman. st 105. 438 Seiten

**Norbert Gstrein.** Der Kommerzialrat. Bericht. st 2718. 148 Seiten

**Peter Handke.** Mein Jahr in der Niemandsbucht. Ein Märchen aus den neuen Zeiten. st 3084. 632 Seiten

**Hermann Hesse.**
- Das Glasperlenspiel. Versuch einer Lebensbeschreibung des Magister Ludi Josef Knecht samt Knechts hinterlassenen Schriften. st 2572. 616 Seiten
- Siddhartha. Eine indische Dichtung. st 182. 136 Seiten

**Ludwig Hohl.** Die Notizen oder Von der unvoreiligen Versöhnung. st 1000. 832 Seiten

**Yasushi Inoue.** Das Jagdgewehr. Übersetzt von Oskar Benl. st 2909. 98 Seiten

NF 266/2/10.00

**Uwe Johnson.** Jahrestage. Aus dem Leben der Gesine Cresspahl. Einbändige Ausgabe. st 3220. 1728 Seiten

**James Joyce.** Ullysses. Roman. Übersetzt von Hans Wollschläger. st 2551. 988 Seiten

**Franz Kafka.** Der Prozeß. Roman. st 2837. 282 Seiten

**Bodo Kirchhoff.** Infanta. Roman. st 1872. 502 Seiten

**Hermann Lenz.** Vergangene Gegenwart. Die Eugen-Rapp-Romane. Neun Bände in Kassette. 3000 Seiten

**Cees Nooteboom.** Allerseelen. Roman. Übersetzt von Helga van Beuningen. st 3163. 440 Seiten

**Juan Carlos Onetti.** Das kurze Leben. Roman. Übersetzt von Curt Meyer-Clason. Mit einem Nachwort von Durs Grünbein. st 3017. 380 Seiten

**Marcel Proust.** In Swanns Welt. Auf der Suche nach der verlorenen Zeit. Übersetzt von Eva Rechel-Mertens. st 2671. 564 Seiten

**Mario Vargas Llosa.** Tante Julia und der Kunstschreiber. Roman. Übersetzt von Heidrun Adler. st 1520. 392 Seiten

**Martin Walser.** Ein fliehendes Pferd. Novelle. st 600. 151 Seiten

**Ernst Weiß.** Der arme Verschwender. st 3004. 498 Seiten

NF 266/3/10.00